Monika Rinck
Wirksame Fiktionen

Monika Rinck

Wirksame Fiktionen

Wallstein Verlag

Wirksame Fiktionen

Über Lyrik zwischen Fiktion und Non-Fiction

> *Der Mensch ist vielleicht halb Geist und halb Materie,*
> *so wie der Polype halb Pflanze und halb Tier.*
> *Auf der Grenze liegen immer die seltsamsten Geschöpfe.*
> Georg Christoph Lichtenberg

WIRKSAME FIKTIONEN – so habe ich im letzten Jahr diese Vorlesung betitelt. Jetzt, nachdem ich sie geschrieben habe, würde ich ihr vielleicht einen anderen Titel geben. Damals hatte ich nur eine leise Ahnung davon, womit ich mich (und damit auch Sie) in diesen Stunden am 30. und 31. Januar 2019 in Göttingen beschäftigen werde, und fügte dennoch mit sicherer Hand einen Untertitel hinzu: »Eine Vorlesung über Lyrik zwischen Fiktion und Non-Fiction«.

Ich denke schon seit einiger Zeit darüber nach, wie sich die Unterscheidung von Fiktion und Non-Fiction zum Gedicht verhält, ob sie überhaupt zutrifft auf die Gattung Lyrik und die Gedichte der Gegenwart, die mich begeistern. Und sie begeistern mich aufgrund ihres Realismus, ihrer Erkenntnishaltigkeit, ihrer Schönheit und Tapferkeit, ihrer überraschenden Einfälle, ihrer blitzartigen Figuren, ihres Witzes, der Treue zu den Brüchen, die in ihnen abgebildet sind, ihrer Nähe zu den kaum mitdenkbaren Strukturen des Denkens, ihrer meta-mimetischen Nachbildung meiner nervösen Wahrnehmung, sie sind mir, mit einem Begriff, den ich dem Anthropologen Michael Taussig entlehne: Schreibweisen des Nervensystems. Doch auch damit lassen sich ihre Eigenschaften nicht restlos fassen, ich lese sie ihrer Radikalität wegen, ihrer Freundlichkeit, der plötzlichen

Wendung wegen, mit der sie das tun, was sie sagen. Mit einer wichtigen Eingrenzung: Ich habe diese Ausführungen auch deswegen an den Anfang gestellt, um darauf hinzuweisen, dass ich nur über Gedichte schreibe, die mir gefallen – und an dieser höchst persönlichen, idiosynkratischen Auswahl meine Gedanken entwickele. Ich schreibe nicht über Lyrik als Gattung im Ganzen, doch einstweilen sei mir die Verwendung des zusammenraffenden Begriffs Lyrik dennoch gestattet, also, wenn Sie erlauben: Lyrik zwischen Fiktion und Non-Fiction.

Hier muss ich gleich wieder innehalten. Das englische Wort »fiction« ist nicht identisch mit dem deutschen Wort: Fiktion. Identisch ist es sowieso nicht, stammt es ja aus einer anderen Sprache. Die beiden Wörter entsprechen einander nur am Rande. Eher müsste man »fiction« mit Belletristik übersetzen, oder sogar mit Dichtung. Ja, »fiction« kann auch Fiktion heißen (d. h. etwas Erdachtes, eine falsche Annahme), aber nicht in erster Linie. Und für »Non-Fiction« halten wir zunächst das deutsche Sachbuch bereit. Wobei das eine Reportage sein kann, eine philosophische Abhandlung, ein Essayband, ein Reisebericht, die Autobiografie, Fachliteratur aus den unterschiedlichsten Disziplinen, oft auch poetologische Schriften, Erlebnisberichte, Leben mit Tieren, Entzugs- und Drogenerfahrungen, Tokyo Interieurs, Ayurvedische Kochbücher. Zuweilen begegnen auch Mischbegriffe wie »Doku-Fiction«, »New Journalism«, »faketionales Erzählen«• oder »Non-Fiction-Novel« – das Hereinstreunen freilaufender und wilder Fiktionalisierungs-

• Hiervon spricht Thomas Strässle in seinem Buch »Fake und Fiktion« im Kapitel Faketional: Konturen einer neuen narratologischen Kategorie. München 2019. Seiten 39–49.

verfahren in faktuale Erzählungen. Das sind wohl Verfransungen an den Grenzen der Gattungen. Es könnten aber auch zentrale sein, Verfransungen inmitten des Geschehens, nicht nur an seinem Rand.

Daneben gibt es einen weiteren Unterschied, und das ist der zwischen »fiktiv« und »fiktional«. Fiktiv ist, was sich in der fiktionalen Welt befindet, lautet eine einfache Definition. In beiden Fällen gilt: Sie ist etwas anderes als die Wirklichkeit, die aber wiederum Stoff der Fiktion ist. Ja, ich weiß, dass die Bücher überfällig sind, ich bringe sie gleich morgen zurück, den ganzen Stapel.

Und wir müssen weitere Unterscheidungen machen, auch innerhalb der Dichtung. Womöglich spreche ich, wenn ich vom Gedicht spreche, nicht von Balladen, wobei: von der »Ballade vom blutigen Bomme« von Christa Reinig zum Beispiel würde es sich zu sprechen schon lohnen.• Einige kluge Leute haben sich damit befasst, ob Reinigs Kunstfigur Bomme eine Stilisierung des Räuberhauptmanns Gladow oder eine Personifizierung der Gladow-Bande insgesamt darstellt, die während der Zeit der Berliner Blockade Ost- und West-Berlin in Atem hielt (so Reinhard Döhl)•• –, mit ihrem Anführer Werner Gladow, der mit 19 Jahren 1950 in Frankfurt an der Oder zum Tode durch das Fallbeil verurteilt wird, wobei ihm im Zusammenhang mit der Verkündung seines Urteils der Ausspruch zugeschrieben wird: »Wissen Sie, Herr Richter, die dreifache Todesstrafe, einmal

• Christa Reinig: Die Ballade vom blutigen Bomme, in: Sämtliche Gedichte. Düsseldorf 1984. Seite 43.

•• Reinhard Döhl: Ballade, Bänkelsang, Legende. Christa Reinigs Ballade vom blutigen Bomme | Fallbeispiel 3 – hier zu finden: https://www.reinhard-doehl.de/forschung/ballade/ballade_9d.htm

lass ich mir das ja gefallen, die Birne abhauen, aber det andere beede Mal würde ich sagen, dat is Leichenschändung.«• Wie habe ich die dreifache Todesstrafe zu verstehen? Wie oft wollt ihr ihm das Leben nehmen? Wird das erste Mal in der Wirklichkeit und das zweite Mal in der fiktionalen Welt der Strafgerechtigkeit geköpft? Die ist doch, kann man sagen, nicht fiktiv; sie bewirkt.

Auf der dem »blutigen Bomme« gegenüberliegenden Seite in meiner violetten Ausgabe der »Sämtlichen Gedichte« von Christa Reinig finde ich ein anderes Gedicht, mit dem Titel »AUSWEG«, und mit einem Mal erinnere ich mich wieder an alles, an die Straßen im Zweibrücker Röntgenviertel, an den Geruch im Treppenhaus, die Agave neben der Haustür, an den Bauplatz gegenüber, den es inzwischen nicht mehr gibt, weil er seit Jahren mit einem sehr ausladenden Einfamilienhaus bebaut ist, wo und wie bei uns die Möbel standen, die Teppiche lagen, in der Beringstraße, an das Fenster, die Nachbarn, den Hund der Nachbarn, das Zimmer, den Winter, als einmal alles, wirklich alles in dickes Eis gehüllt war, selbst der Schnee. Ich erinnere mich an die Zettel und Bilder an der Wand, die Bücher in meinen Regalen aus gestapelten Weinkisten, die Unsicherheit und Verpeiltheit, den Selbsthass und die starke Stimme der guten Gedichte. Ja, vor allem erinnere ich mich daran, dass ich es einmal auswendig konnte, und es kommt sogleich zurück. Hier ist es.

• Dem Wikipedia-Eintrag zur Gladow-Bande entnommen.

AUSWEG

das was zu schreiben ist mit klarer schrift zu schreiben
dann löcher hauchen in gefrorene fensterscheiben

dann bücher und papiere in ein schubfach schließen
dann eine katze füttern eine blume gießen

und ganz tief drin sein – und den sinn erfassen:
zieh deinen mantel an du sollst das haus verlassen•

»zieh deinen mantel an du sollst das haus verlassen«. Dieses Gedicht kann ich nicht widerlegen, indem ich einfach ohne Mantel aus dem Haus gehe. Sie alle könnten sich entschließen, das Haus gemeinsam ohne Mantel zu verlassen und das Gedicht wäre damit immer noch nicht widerlegt. Aber so funktioniert das doch nicht, werden Sie einwenden. Sie seien doch gar nicht gemeint. Was lässt Sie da so sicher sein?

Gleich zu Anfang ihres Buches »Gelesene Wirklichkeit. Fakten und Fiktionen in der Literatur« schließt Ruth Klüger, im Vorwort schon, die Lyrik von ihrer Untersuchung aus, denn die in ihrer Publikation gesammelten Arbeiten seien alle »dort angesiedelt, wo Lebens- und Leseerfahrung sich überschneiden. Das ist zwar eine weitverbreitete und vielgelesene Sparte der Literatur, aber keineswegs die einzige. Es gibt ja Esoterik, Mystik, Sprachexperimente, besonders in der Lyrik, wo es mehr um Form als um Inhalte geht, Phantasien, die aus der Wirklichkeit ausscheren wollen, Gedichte, die uns durch ihre Musikalität bezaubern und dann

• Christa Reinig: Ausweg, in: Sämtliche Gedichte. Düsseldorf 1984. Seite 42.

noch jede Menge erzählender Literatur, die mit Erotik und mit intimen Familienstrukturen zu tun hat.«* Aber geht es in der Gegenwartslyrik wirklich mehr um Form als um Inhalte – und lassen sich diese beiden Qualitäten so schroff gegenüberstellen? Ist es wirklich die Form, die verhindert, dass sich Lebens- und Leseerfahrung überschneiden? Ließe sich nicht genauso behaupten, dass gerade die bewusste Setzung einer poetischen Form dazu in der Lage ist, Wirklichkeit auf ernste und reelle Weise sprachlich zu repräsentieren. Der Lyrikband als Sachbuch? Öffnet die Märkte!

Die aristotelische Annahme besagt: Sprache ist schöpferisch, wenn sie in den Dienst der Fiktion tritt. Die Kreativität zeigt sich in der Fabel, nicht im Vers. Moment, hab ich gestern vergessen, das hier auszuradieren, oder kommen nachts, während ich schlafe, Drittsemester in meine Wohnung und tragen in den von mir entliehenen Büchern ihre Unterstreichungen, die ich tagsüber so sorgfältig ausradiert habe, erneut ein? Und dann immer wieder? Ich bin mir ziemlich sicher, dass dies so ist, das würde auch den schlechten Schlaf der letzten Nacht erklären, ach was, seit Tagen schon, meine halsstarrige Schreckhaftigkeit, den abstrakten, fast quadratischen Albdruck. Danach verschließen sie die Tür von innen und werfen sich lautlos die Treppe hinab. Das ist das Gegenteil dessen, was Jakobson mit der poetischen Sprachfunktion verbindet: denn sie akzentuiert den Text gerade in seiner sprachlichen Form. Da das Gegenteil der Fiktion, so verstanden, nicht einfach alles andere sein kann, und auch Nicht-Fiktion (Non-Fiction), nach Genette, dem französischen Literaturwissenschaftler und Erzähltheoretiker, nicht

* Ruth Klüger: Vorwort, in: Gelesene Wirklichkeit. Fakten und Fiktionen in der Literatur. Göttingen 2006. Seite 7f.

das zu treffen scheint, was die poetische Perspektive auf die Sprachkunst in das Zentrum setzt, schlägt er den Begriff der »Diktion« vor. »Fiktionsliteratur ist die, die wesentlich durch den imaginären Charakter ihrer Gegenstände gekennzeichnet ist, während Diktionsliteratur wesentlich durch ihre formalen Qualitäten beeindruckt – wieder ungeachtet der Amalgame und Mischformen.«• Damit ist allerdings über den wirklichkeitsnahen oder fernen Status der Gedichte noch keine Klarheit erlangt.

Nochmals: Es geht mir darum, ob Gedichtbände zu den Neuerscheinungen auf das Non-Fiction-Regal gestellt werden sollen, wie es übrigens in der Public Library in Los Angeles schon heute gehandhabt wird. Sechs Millionen Bände, Ausleihfrist drei Monate, die Benutzung ist kostenlos für alle Bürger und Bürgerinnen Kaliforniens, die Bibliothek hat derzeit 828 Angestellte. Sie wurde 1926 erbaut, der Architekt war Bertram Goodhue, es ist ein großes, schweres festungsähnliches Gebäude, das in den letzten Jahrzehnten um neue Trakte erweitert wurde. Es hat acht Stockwerke, ist also vergleichsweise flach, umgeben von viel höher aufgeschossenen gleichförmigen Bürogebäuden mit spiegelnden und etwas aus der Mode geratenen Fassaden, und einer Gartenanlage, in der viele arme Menschen unter dem Blick bewaffneter Sicherheitskräfte in der kalifornischen Sonne sitzen.

»Einer der wenigen Orte, an denen Obdachlose willkommen sind, wo sie Zugang zu Computern und dem Internet bekommen und ihnen erlaubt wird, den ganzen Tag zu ver-

• Gérard Genette: Fiktion und Diktion. Aus dem Französischen von Heinz Jatho. München 1992. Seite 31f.

weilen, ist eine Öffentliche Bücherei«, schreibt Susan Orlean in ihrem Buch mit dem naheliegenden Titel: »The Library Book«, zu Deutsch, »Das Büchereibuch«. »Libraries have become a de facto community center for the homeless across the globe.«• Büchereien wurden weltweit zu einer Begegnungs- und Hilfsstätte für obdachlose Menschen. Ja, eine Bücherei bleibe eine Bücherei, aber, so John Szabo, *City Librarian of Los Angeles*, »the homeless are already here«, und in Los Angeles sind (nach jüngsten Zahlen) 60.000 Menschen obdachlos, hinzu kommen 15.000 Leute, die in ihren Autos leben. Also koordiniert der Bibliothekar die städtischen Angebote, bietet Veranstaltungen an und trifft sich regelmäßig mit Alisa Orduña, *Senior Advisor on Homelessness* der Stadt Los Angeles, beispielsweise um zu besprechen, was es bedeutet, wenn eine neue Stadtverordnung die Größe der Objekte, die auf Bürgersteigen erlaubt sind, begrenzt, um die Errichtung provisorischer Unterkünfte aus Koffern, Zelten, Einkaufswägen zu erschweren. Ob es womöglich irgendwo in der Bibliothek noch Stauraum gebe, um den Leuten einen Ort zu bieten, an dem sie tagsüber ihr Eigentum deponieren können. Es gelte weiterhin die erste Regel: Eine öffentliche Bibliothek muss für alle geöffnet sein. Die Anwesenheit vieler obdachloser Menschen verändert freilich die Atmosphäre in der Bibliothek, man könnte sagen: sie wird realistischer. Das zeigt sich auch in der Amerika-Gedenkbibliothek in Berlin-Kreuzberg.

Am 29. April 1986 (meinem 17. Geburtstag) wurde in der *Los Angeles Public Library* vormittags, um 10 Uhr 52, ein Feueralarm ausgelöst, der so lange für einen der nicht seltenen Fehlalarme gehalten wurde, bis Feuerwehrmänner um

• Susan Orlean: The Library Book. New York 2018. Seite 73.

11 Uhr 11 im Fiction Department (ausgerechnet dort!) Rauch entdeckten. »The Fire flashed through Fiction, consuming as it travelled. It reached for the cookbooks.« »Das Feuer flackerte durch die Belletristik, auf seinem zerstörerischen Weg. Es griff nach den Kochbüchern.« 7 Stunden und 38 Minuten dauerte es, bis das Feuer gelöscht werden konnte, es sei farblos gewesen, durchsichtig wie Glas und sehr, sehr heiß. »When they entered the building immediately after the fire, they felt like they'd died and gone to see if Dante knew what he was writing about.«• »Als die Bibliothekarinnen direkt nach dem Feuer das Gebäude wieder betraten, kamen sie sich vor, als seien sie bereits gestorben und wollten nun einmal nachsehen, ob Dante wusste, worüber er schrieb.« Das ist natürlich ein hoher Preis, um den Realitätsgehalt der »Göttlichen Komödie« zu prüfen. Es verbrannten 400.000 Bücher, und noch einmal so viele erlitten Wasserschäden. Die entliehenen Bücher indes waren in Sicherheit. Wo liegen die denn bei dir? Bei mir liegen sie da, wo all jene liegen, die mir nicht gehören.

Bald nach dem Feuer herrschte Einigkeit darüber, dass es sich um Brandstiftung gehandelt haben musste, und mit Harry Peak, einem auffällig blonden, arbeitslosen und aufmerksamkeitssüchtigen Schauspieler war schnell ein Verdächtiger gefunden. Er verwirrte die Behörden durch einen ganzen Strauß einander widersprechender Aussagen. Ich zitiere: »Er war da, er war nicht da. Er war vertraut mit der Bücherei; er hatte sie niemals in seinem Leben besucht. Er roch an dem betreffenden Tag nach Rauch, er roch nach gar nichts.« Das einzige, was außer Frage stand: Harry fabulierte gerne. »›He finds it difficult to give a straight answer,‹ one

• Susan Orlean: The Library Book. New York 2018. Seite 35.

friend told investigators. ›He doesn't know the difference between fabrication and truth.‹« Schlimmer als seine nicht einmal von ihm selbst kontrollierbaren Lügen, war, dass er es offenbar nicht über sich brachte, einfach eine einzige Lüge auszuwählen und bei ihr zu bleiben. Sieben Alibis! Und zwar sieben verschiedene Alibis: »a continuous coil of untruths, each contradicting«. Dazu gehörten folgende Geschichten: Er habe sich im Gebäude befunden und sei im letzten Moment von einem gutaussehenden Feuerwehrmann herausgetragen worden, er habe das Feuer von außen beobachtet, er sei mit dem Auto an dem Feuer vorbeigefahren, er habe sich in Santa Fe befunden, und er habe in der Zeit mit einigen Geistlichen der *American Orthodox Church* im *French Quarter* gefrühstückt. Reverend Smith sagte: »Everyone who knew Harry had laughed when investigators said he gave conflicting accounts of his whereabouts. You had to know Harry, Harry always gives conflicting stories.«• So war er eben, Harry erzählt immer widersprüchliche Geschichten.

Mehrere Gleichzeitigkeiten – die indirekte Darstellung von allem. Woran erinnert das? An verwirrte Zeugen, an unentschiedenen Realitätsverlust durch Vervielfachung der gültigen Version, an einen starken Möglichkeitssinn, gedächtnisschwache Prosaautoren, perspektivische Ontologien, den Einsatz einer Zeitmaschine, die multiple Zukünfte hervorbringt, notorisches Lügen – und: die Verfahrensweisen des Traums, von denen Freud in seiner »Traumdeutung« berichtet. Das sind in erster Linie Metonymie und Metapher, Verschiebung und Verdichtung – die Begriffe sind rhetorische, sie sind den tropischen Bauformen der Sprache

• Susan Orlean: The Library Book. New York 2018. Seite 45.

entlehnt. Diese Mechanismen richten die Verwirrung an, die der Analysand mithilfe eines Analytikers im Dienste seiner psychischen Genesung ausdeuten soll. Die Sache ist nicht festgelegt, es gibt keine einfachen Entsprechungen, wie es in den eher fragwürdigen Nachschlagewerken wie dem »Lexikon der Traumsymbole« nahegelegt wird.• Die Mehrdeutigkeit ist eine fortwährende Herausforderung an den Träumer. Das Material kann der Deutung dabei so weit und so oft entgegenspringen, dass letztere zu widersprüchlichen Einsichten kommt, die dann, auf einer anderen Ebene, gemeinsam erneut auszudeuten wären. Widersprüchlichkeit ist nicht das Ende der Deutung, sondern ihr Neubeginn.

Hier ist Freuds Beispiel, es handelt von der dreifachen »Verteidigung des Mannes, der von seinem Nachbarn angeklagt war, ihm einen Kessel in schadhaftem Zustande zurückgegeben zu haben. Erstens habe er ihn unversehrt zurückgebracht, zweitens war der Kessel schon durchlöchert, als er ihn entlehnte, drittens hat er nie einen Kessel des Nachbarn entlehnt«.•• Es steht die Konjunktion »und«, wo eigentlich ein »entweder – oder« hingehört, doch dies ist ein genuin poetisches Verfahren, das gerade mithilfe der Versammlung widersprüchlicher Details einem oft gedachten Gedanken einen neuen Weg weisen könnte. Hier lang. Wenn ich dies denken will, muss ich mein Denken ändern. Hier wie dort. Andererseits kann es einen natürlich auch zur Weißglut bringen.

• Eben darüber macht sich Margret Kreidl in ihrem Buch: Einfache Erklärung. Alphabet der Träume, lustig, das im Jahr 2014 in der Edition Korrespondenzen erschienen ist.

•• Sigmund Freud: Die Traumdeutung. Gesammelte Werke. Zweiter und dritter Band. London 1942. Seite 125.

Nun aber wieder zurück zu dem, was ganz am Anfang stand. Natürlich schreibt man die Ankündigung der Vorlesung vor der Vorlesung selbst, in den meisten Fällen. Doch wie weit lässt sich in die Zukunft sehen? Am besten lässt man vieles offen, aber es ist nicht alles offen. Also formulierte ich: »Wenn ich immer weiter geradeaus fahre, komme ich irgendwann ans Wasser. Oder ich komme an eine Grenze. Dort ändert sich das Land. ›A border, like race, is a cruel fiction‹, schreibt die Dichterin Wendy Trevino; eine Grenze, ebenso wie der Begriff der Rasse, sei eine grausame Fiktion.• Womöglich sind die Metaphern hier wirksamer als die Begriffe.«

Was soll das heißen, die Metaphern seien wirksamer als Begriffe? Was ist das für eine Ausflucht, und wohin? Die uneigentliche Verwendung nähme also überhand? Die Metaphern leben doch von dem Gehalt der Begriffe, der in ihnen verbaut ist. Sie lagern sich an den Begriffen an und zeitigen Effekte? Was, wenn es mir gelingt, andere davon zu überzeugen, dass eine gegebene Grenze nichts sei als eine Fiktion. Wird die Grenze dann zur Metapher? So wie es Metaphern gibt, von denen sich leben lässt, gibt es solche, die grob gesagt gegen das Leben agieren, etwa indem sie Feindseligkeit zwischen verschiedenen Gruppen befördern oder bildhaft an Urängste appellieren und diese gegen andere Menschen in Stellung bringen.

Taxi! Es ist heute noch ein ungeheurer Luxus, einen Ort, an dem mir Unheil droht, verlassen zu können, und eine Katastrophe, dort festgehalten zu werden, vielleicht aufgrund fehlender Papiere, beispielshalber. Hier ist ein Visum eine sehr wirksame Fiktion. Metafores steht auf den Kleinlast-

• Wendy Trevino: Cruel Fiction. Oakland 2018. Seite 90.

wagen griechischer Transportunternehmen. Sie transportieren Güter. Das Pferd (und das Schiff) waren vergleichsweise frühe Transportmittel. Die Domestizierung des Pferdes wird auf das dritte vorchristliche Jahrtausend datiert. Das mongolische Großreich verdankt sich maßgeblich der organisierten Reiterei. Das Pferd wechselte um ein Säckchen Radium den Besitzer. Der Messias betrachtete dies in lockerer Garderobe.

Oder geht es bei der besonderen Wirksamkeit der Metaphern einfach um das Mehr an Worten, die Erhöhung der Komplexität auf syntaktischer Ebene – und um den Bezug auf die neu hinzutretende Praxis der Übertragung und das Bedürfnis nach Ausdeutung? So ist das Arrangement aus Abstraktem und Gegenständlichem dem alleinstehenden Begriff immerzu und sowieso klarerweise überlegen. Einfach weil das Arrangement sich dem Satz nähert und ferner nur Sätze falsifizierbar sind, Worte im strengen Sinn nicht. Rudel. Was? Rudel. Hier, ein Rudel Fische. Wo? Da! Man sagt da nicht Rudel, übrigens. Man sagt: Schwarm. Erst dem Satz lässt sich ein Wahrheitswert zuordnen, nicht aber dem einzelnen Wort. Zwar kann ich bereits mit dem Äußern eines Wortes Merkmale aus der Realität extrahieren. »Sollte es vorkommen, dass ein Wort kein Merkmal extrahiert, so ist es kein falsches Wort, sondern lediglich ein Geräusch.«• Oder aber: ich kann die Sprache nicht. Und ich kann sehr viele Sprachen nicht.

Was wirken soll, sei besser nicht zu deutungsbedürftig. Doch wirkt nicht das Bedürfnis selbst? Verschworen in einem sich selbstbeschleunigenden Zirkel. Einige junge Männer,

• Elisabeth Leiss: Sprachphilosophie. Berlin/Boston 2012. Seite 33.

die sich am äußersten Rand getroffen hatten, wollen sich, umschwirrt von Drohnen, ein Säckchen übergeben. Sie haben ein Pferd dabei. Waren sie innen oder außen? Und was war in dem Säckchen? In ihrem Rücken stand ein Zaun, der wohl drei bis vier Meter hoch war und vor dem Auge der Betrachterin zunehmend in die Höhe wuchs, und wächst. Wo der Zaun endet, beginnt der Stacheldraht. Überspannte Jungbäume bekannten sich indes zur Zeugenschaft. Sie waren halb- bis viertelverwurzelt. Was wird sich nur in dem Säckchen befunden haben, fragte sich Bachtin, und schob nachdenklich den Chronotopen zur Seite.

Womöglich sind die Metaphern hier wirksamer als die Begriffe. Hierzu zählt das, was ich mit den Begriffen verbinde, aber auch das Gewebe, in das hinein ich die Begriffe gebe, um einen Kontrast zu sehen. Und dann wäre all dies nur noch sinnbildlich zu verstehen? Relational oder singulär, oder beides? Ungewöhnliche Metaphern lösen Assoziationen aus, die nicht immer kontrollierbar sind, wobei: Assoziationen sind eigentlich nie kontrollierbar. Das heißt aber nicht, dass sie nicht bewertbar wären. In der Übertragung, an der ich persönlich beteiligt bin, regt sich die Angst genauso wie mein Einfallsreichtum, der sich das vor Augen führt, was jeweils mit Grenze gemeint sein könnte. Ich bin aufgerufen, mitzumachen. Der Vers nutzt meinen Kopf zum Denken. Das ist Literatur. Die Deutung hat immer mit mehr als einer Ausprägung des Wortgebrauchs zu tun. Sie legt die Dinge nebeneinander. Ich parkte den Leihwagen auf einem großen Parkplatz zwischen zwei weißen Linien, *between the lines*. Waren diese Lagerhallen einmal Galerien gewesen? Bestimmt. Erleichtert war ich, als ich mit gebeugtem Kopf aus dem Auto stieg und die Tür hinter mir ins Schloss warf. Waff. Eine große Taube beobachtete dies kritisch.

»Das kann nicht sein.« – »Im Gegenteil: das muss so sein.«

»Unter unrechten Bedingungen wird alles eins«, schrieb ich, »es lässt sich nicht mehr unterscheiden. Jede Verwendung von Sprache richtet sich gegen den Unterlegenen. Und wieder steht alles auf der Grenze. Erneut hält alles an. Sie warten auf das Visum wie auf eine sehr wirksame Fiktion. Bevor es nicht da ist, geht nichts mehr weiter – abgesehen von diesem Leben. Das ist Realismus. Doch wie realistisch ist das Gedicht, zu Ende gedacht? Hat es am Ende irgendetwas zu sagen?«

Ja, hat das Gedicht am Ende etwas zu sagen? Ich war einmal fest davon überzeugt. Wie realistisch ist es denn, das Gedicht? Kommt drauf an. Zuweilen ließ man es formvollendet am Rand des Spielfelds stehen, auf dem Fiktion und Non-Fiction miteinander rauften. Der Trainer klatschte in die Hände, der Trainer pfeift und grätscht. Noch früher ging man wieder anders vor. Dichter, was taten sie? Sie bildeten ihre Launen nach, vermischten Threnen mit Hymnen und Päane mit Dithyramben, verrohten ihr Publikum, indem sie ihm über Gebühr Genuss bereiteten oder enttäuschten es, indem sie sich verweigerten. So raubten sie der Menge allen Sinn für Gesetze und flößten ihr Keckheit im Urteil ein. Dichtend errichteten sie eine der Taumelei verfallene Theatrokratie, ohne darauf zu sehen, ob es schlecht oder edel sei, und sie waren und sind ein Verderbnis der Vernunft, so Platon, der stets zu Scherzen aufgelegte alte Grieche.•

• In ihrem Nachwort zu Alenka Zupančičs Buch »Der Geist der Komödie« entwickeln die beiden Herausgeber und Übersetzer Frank Ruda und Jan Völker den reizvollen Gedanken, dass Platon selbst ein komischer Autor gewesen sei. »Man könnte zu deren Unterstützung die bis heute nahezu gänzlich unbeachtet geblie-

Doch nicht nur die Vernunft wird durch die Dichtung in eine bedrohliche Lage versetzt, auch das Kunstwerk selbst ist in Gefahr, zumindest werden seine Grenzen unsicher und durchlässig gegenüber dem, was kein Sprachkunstwerk mehr ist. Die Poesie löst das Kunstwerk auf. »Es ergibt sich dann auch die Poesie als diejenige besondere Kunst, an welcher zugleich die Kunst sich aufzulösen beginnt und für das philosophische Erkennen ihren Übergangspunkt […] zur Prosa des wissenschaftlichen Denkens erhält«, so Hegel.• Wie kann ich mir dieses leicht bedrohliche Szenario erklären? Es hat im weitesten Sinne damit zu tun, dass die Sprache das einzige Zeichensystem ist, das Repräsentation höherer Ordnung erst möglich macht, und deswegen nichts anderes hat als sich selbst, um auf sich zu reagieren. Und dann habe ich plötzlich Sprache vor mir, welche sich nicht mehr erklärt.

»Von allen Materialien welche die Menschheit neben anderen zu künstlerischen Zwecken benutzen kann, ist die Sprache vielleicht am wenigsten spezifisch, am wenigsten reserviert für diesen Zweck, und daher dasjenige, was am wenigsten geeignet ist, seinen Gebrauch als eine künstlerische Aktivität zu qualifizieren. […] Und offenbar war es diese Eigenheit der Sprache, ständig in allen Richtungen ihre ästhetischen Grenzen zu überschreiten, die Roman Jakobson veranlasst hat, den Gegenstand der Poetik nicht in der Literatur als einem bloßen Faktum oder empirischen Befund, sondern in der Literarität zu sehen, definiert als das, was aus einer

bene Tatsache in Erinnerung rufen, dass es in Athen einen etwa 20 Jahre älteren Komiker gab, der ebenfalls den Namen Platon trug (Plato comicus). Hatte Platon einen Doppelgänger, einen komischen?« Berlin 2014. Seite 259.

• G. W. F. Hegel: Vorlesungen über die Ästhetik, hg. von Heinrich Gustav Hotho. Berlin 1843. Seite 232.

verbalen Botschaft ein Kunstwerk macht.«• Immer wieder fällt der Begriff der Grenze – oder liegt das nur an meiner neuen Hellhörigkeit? Durch die Mitte ging ein Zaun, der außerhalb des Bildes einfach aufhörte zu existieren. Sie hatten ein Pferd dabei, ein edles. Der Ausschnitt gab keine sichere Auskunft darüber, ob sie auf dem Gelände gegen ihren Willen festgehalten wurden.

•

Ich versuche Ihnen zu sagen, was ich vorhabe, und ich tue es im Dentistinnenstil. So wie die freundliche Zahnärztin gegenüber dem Angstpatienten, die sagt, was sie tut, indem sie es tut. Ich schabe. Ich spüle. Es piekt, es drückt. Jetzt ausspülen, bitte – und mit einer leichten Hand auf meiner rechten Schulter verlässt sie das Behandlungszimmer, um erst dann zurückzukommen, wenn die Betäubung wirkt. Ist die Unterlippe schon taub? Da sind Kandinsky-Poster an der Wand, da ist dieser Baum vor dem Fenster, der seit Jahren alle Zeiten und deren Witterungen mitmacht. Ich kenne ihn vor allem als Rippe, schwarz und laubverloren. Als Wurzelflügler. Wurzelbehandler. Als Außenwelt, jenseits meines Rachenraums. Können wir den Reißzahn retten?

Dichtung – Fiktion – Non-Fiction – Diktion. Dichtung – Kunstbuch – Sachbuch. Aha. Wir haben: die Dichtung – und ihre Ansprüche, an die Leser und Leserinnen, an sich selbst. Aber wir haben auch die großzügigen Geschenke, die sie macht, und an denen wir uns messen, wenn wir die Frage beantworten müssen: Wozu ist das gut? Was macht man

• Gérard Genette: Fiktion und Diktion. Aus dem Französischen von Heinz Jatho. München 1992. Seite 12.

damit? Wann ist es ein Gedicht? Wir haben formale und inhaltliche Grenzen, an denen sich entscheidet, was Dichtung ist, und was nicht. Diese Grenze wird täglich weiter. Aber wir haben kein »wir«. Auf dem Sprungturm steht indes die These: Gute Gedichte sind Non-Fiction. Sie gehören in das Sachbuch-Regal. Aber das erwähnte ich bereits. Eigentlich möchte ich die Grenzen nicht noch enger ziehen. Es gibt schon viel zu viele davon. Eher möchte ich versuchen, über diese Grenzen hinweg, Dinge, Gedichte und Leute zusammenzubringen – und auch daran erinnern, wie tödlich die Grenzen sein können, die uns umgeben.

Leise Stimmen. Hinter dem Zaun stiegen Drohnen auf, die mit Druckluft betrieben wurden, schnell gerieten sie außer Sichtweite. Nein, das ist eine Täuschung. Es handelt sich um hochstielige Pilze, die sich ins Jenseits erheben, besser gesagt, darin hochfahren. Wie hört sich das an? Wie weißes Rauschen, in dem ein synthetisches Feuerchen knistert. Das Übergangsobjekt wiegt etwa 80 Gramm. Einer der jungen Männer, der zweite von rechts, erhebt nach längerem Schweigen seine Stimme: »I am entirely on your side of that (totally absurd) debate. Poetry has nothing at all to do with fiction. Why should it? Fiction was invented in late antiquity. Why should such an old and epistemologically elaborated artform as poetry, with its already extremely complex forms of representation, take notice?«• Aha. Warum soll eine so ehrwürdige Kunstform wie die Poesie etwas so Jungem, Abwegigem wie der Fiktion überhaupt Aufmerksamkeit schenken? Wären wir damit jetzt schon an ein plötzliches Ende gekommen? Nein, ich glaube nicht. Die anderen bewegen sich indes nicht von der Stelle.

• Magnus William-Olsson, aus privater Korrespondenz.

Poesis: Das Wort Poesie kommt aus dem Griechischen, *ποίησις poiesis*, »Erschaffung«. Sie werden das vermutlich nicht zum ersten Mal hören, doch die Dichterin Barbara Köhler hat die etymologische Genese der Poesie einmal sehr schön entfaltet. »Poesie ist kein Wort aus dem 19ten Jahrhundert, auch wenn es oft genug so gebraucht wird, als Verweis in vorindustrielle Idyllen, als Gegenbewegung zu einer effizienten Vernutzung von Allem, hin auf Innerlichkeit und ›Authentizität‹. Es ist älter und elementarer, grundlegender. Es wurzelt in poiesis, was für die alten Griechen *herstellen* bedeutete, das *Machen* überhaupt, das *Schaffen* eines Werkes, *poiema, a poem* – aber auch eine Art *Annehmen* meinte: jemanden zum Bürger einer Stadt, einer Polis machen, oder zu adoptieren, an Kindes Statt anzunehmen: auch das war *poiesis* – einen Zusammenhang zu geben, eine Bedeutung, einen Sinn, vielleicht im Sinne von Richtungen: ein Wohin (*poi* fragt: wohin), doch weniger als Orientierung auf ein Ziel denn als Bewegungsimpuls, eine Art Spin, ›irgendwohin‹ heißt auch *poi*. Etwas in den Raum stellen, jemandem Raum geben, *herstellen*, was nicht feststellen heißt: Bewegungs*möglichkeiten* damit eröffnen. Der Raum aber wäre in diesem Fall weniger Ort, nicht objektiv zu ermessen, nicht feststellbar als dreidimensionale Sache, sondern ein kommunikativer, intersubjektiver, mutual, vielseitig bestimmt: eine Familie, Bürgerschaft, Gemeinschaft, Gesellschaft.«• Er war verbaut und gut besucht, und kündigte bloß an, nach Sonnenuntergang die Tore zu schließen, ohne dies jedoch wahrzumachen.

• Barbara Köhler: POESIE.PREIS, in: Neufundland. Wien 2012. Seite 228.

Doch auch die Fiktion soll nicht leben wie ein Hund, wie man so schön sagt, hier ist die wortgenaue Definition, die Käte Hamburger, nach der in Göttingen ein Weg benannt ist, in ihrer Studie »Die Logik der Dichtung« gibt: »Fiktion ist abgeleitet von lat. fingere, das die verschiedensten Bedeutungen des Bildens, Erdichtens bis zu der des lügenhaften Fabelns hat. Gerade wenn wir die Bedeutungen des Verbs fingere und die von ihm abgeleiteten Substantive bzw. Adjektive in den lebenden westeuropäischen Sprachen prüfen, gelangen wir zu einer annähernd genauen Definition dessen, was als literarische Fiktion verstanden wird [...]. Fingere ist italienisch fingere, französisch feindre, englisch to feign, deutsch fingieren – und das heißt, daß das lateinische Verb in seinen neusprachlichen Formen ausschließlich die Bedeutung: fälschlich vorgeben, simulieren, imitieren u. ä. bewahrt. Die entsprechenden Substantive Finta, feinte, feint, Finte sind dazu gebildet worden. Anders aber verhält es sich mit dem Substantiv fictio. Dieses hat in den lebenden Sprachen zwar sowohl die pejorative wie die meliorative Bedeutung von fingere bewahrt, doch so, daß die letztere, die die Funktion des schöpferischen Bildes meint, jedenfalls über die pejorative dominiert. Und wenigstens im Französischen, sowie anschließend im Deutschen, wurde (neben feint, fingiert) das Adjektiv fictif (fiktiv) in dem positiven Bedeutungsgehalt gebildet, das in der Kunsttheorie noch gängiger geworden ist als das Substantiv Fiktion selbst. Damit aber sind die Verhältnisse kompliziert geworden.«•

Was wir festhalten können, ist, dass das Fiktive (von alters her) in einem direkteren Bezug zum Mimetischen (auch

• Käte Hamburger: Logik der Dichtung. Stuttgart 1968. Seite 53f.

zur Korruption des Mimetischen) steht als das Poetische. Ts, ts, ts.

»Die fiktionale Dichtung ist darum Mimesis der Wirklichkeit, weil sie keine Aussage ist, sondern Gestaltung, ›Nachbildung‹, deren Material die Sprache ist wie Marmor oder Farben das der bildenden Kunst. Die fiktionale Dichtung ist Mimesis, weil die Wirklichkeit des menschlichen Lebens ihr Stoff ist.«• Auch die subjektive Erlebniswirklichkeit bleibe, so Hamburger weiter, als Wirklichkeit bestehen. Nur die fiktionale Dichtung gestalte sie zur Nicht-Wirklichkeit um. Die Faktualität wird dabei vor allem von ihrem Anspruch vertreten, keine Fiktion zu sein und auf konkrete außersprachliche Wirklichkeit zu verweisen.

»Im Gegensatz zur fiktionalen Erzählung ist in einer faktualen Erzählung der Autor zugleich der Erzähler des Textes.«•• Das gilt in vielen Fällen, lyrisches Ich hin oder her, auf eine vertrackte Weise auch für das Verfassen von Gedichten. Auf dieser Linie weitergleitend könnte man gleichfalls fragen, ob der Dichter, ob die Dichterin eine fiktive Person ist, die nicht-fiktionale Gedichte schreibt, und dies in einer offenen Struktur. Ist das so? Wohin stelle ich den nicht-mimetischen Realismus des Gedichts, wenn es ihn gibt? Ich kenne auch heutige Gedichte, die fiktionale Züge aufweisen und die dennoch in einer gewissen Spannung zu Gesetzen der Narration stehen. Auf der anderen Seite wartet vielleicht das, was man früher mit dem Begriff der Gedankenlyrik bezeichnet hat – doch im Kontrast wozu? Erlebe ich nicht auch meine Gedanken? Oder kann ich Erlebnisse nur gedankenlos haben?

• Käte Hamburger: Logik der Dichtung. Stuttgart 1968. Seite 227.
•• Thomas Strässle: Fake und Fiktion. München 2019. Seite 32.

Machen wir uns einige Merkmale der Fiktion klar: »a certain quality of aboutness – that prevents the overemphasis on form«, so die Dichterin Diana Hamilton.* Fiktion hat meist ein Thema – und sie entfaltet es in mehreren unterscheidbaren und meist einzelnen Figuren zuzuordnenden Stimmen. Mit dem russischen Literaturtheoretiker Bachtin gesprochen: eine soziale Mehrstimmigkeit, Heteroglossia, die eine Vielzahl von individuellen Stimmen birgt; die Inkorporation von mindestens einer fremden Stimme, die nicht die des Erzählers oder der Erzählerin ist. Dies stehe, heißt es manchmal, im Gegensatz zur einstimmigen, eher monologischen Dichtung – wobei mir die Einstimmigkeit des Gedichts fraglich zu sein scheint. Will sagen, ich kann sie aushebeln. Eine ganz leichte Übung. Allerdings gibt es viele Beispiele von experimenteller und avancierter Prosa, die das längst getan haben, da kann ich den Hebel wieder sinken lassen. Anja Utler verdanke ich den Hinweis, dass auch ein Polylog einstimmig sein kann, und die daran anschließende Frage, ob denn Einstimmigkeit immer automatisch gelogen sein müsse. »Ist wirklich jede Einstimmigkeit innerlich aufgefächert? Ist das nicht Brüchigkeitskitsch? (Différance-Kitsch.) Kann einstimmig nicht das größte Ärgernis überhaupt sein?«**

Eine genaue Lektüre vermag ein Gedicht, selbst da, wo es weder Rollen noch Personen auszeichnet, in mehrere Stimmen aufzufächern. Einen Anhaltspunkt kann dabei auch die Autorenlesung geben. Spricht der Autor, spricht die

* Diana Hamilton: On Fictional Poetry. https://www.poetryfoundation.org/harriet/2016/06/on-fictional-poetry. Von Diana Hamilton empfehle ich ihr jüngstes Buch: God Was Right. New York 2018.

** Anja Utler, aus privater Korrespondenz.

Autorin mit unterschiedlichen Stimmen? Suggeriert seine/ihre gestische Rede einen Dialog oder Polylog? Höre ich die gedankliche Rede und Gegenrede, die Einzelschritte der Selbstverbesserung auf dem Weg zur Erkenntnis in Form eines Gesprächs oder Selbstgesprächs?• Das ist häufig der Fall, meine ich. Das Gedicht, als Sprachkunstwerk, kann zuweilen einzelne Zwischenschritte einfach stehenlassen, so als würde die Sprachkorrektur materiell.

In wenigen Gedichten findet man Charaktere im klassischen Sinne vor. Ist das so? Ich stelle mir die Momentaufnahme als Röntgenbild vor, nicht im Sinne des Werdens, sondern dessen, was war, und nun, in Anbetracht des Bildes, unterlassen oder getan werden muss. Mir fallen etliche Gedichte mit spontanen Charakteren ein, ja, auch Gedichte mit Gedanken, Gedichte mit Tieren, Hunden, Pferden, wobei es mir da eher um fremde Perspektiven als um Artenkunde geht, oh, kennen Sie das Gedicht »Horse Vision« von Julian Talamantez Brolaski? Ich werde es Ihnen gleich vorstellen. Es gibt natürlich in Epen und Balladen viele Beispiele für Dichtung mit Charakteren, zum Beispiel die eingangs genannte Ballade vom blutigen Bomme, aber auch der Gang nach dem Eisenhammer des anmutigen Schiller und viele andere Balladen mehr, nicht nur aus dem so genannten Balladenjahr 1797.

Hier ist übrigens eine Liste aller Figuren, die uns ohne jede Vorbereitung in Ashberys Langgedicht »Girls on the Run«

• Hier möchte ich auf Anja Utlers Untersuchung: »manchmal sehr mitreißend«. Über die poetische Erfahrung gesprochener Gedichte, verweisen. Bielefeld 2016. Insbesondere auf das Kapitel: Anziehungs- und Fliehkräfte. Gesprochene Gedichte vor dem Paradigma des (literarischen) Selbstgesprächs.

begegnen: Mr. McPlaster, Judy, Laure und Tidbit, Ich, the Principal, Henry, Dimples, ihre Schwester Larissa, the Big Mother, Diane, Pete, Rags, Aunt Jennie, Shuffle, Stuart Hofnagel, the little girl, Persnickety Peggy, Tommy, Heidi und Peter, Angela, Philip, Clara, Bunny, Tootles, Aunt Clara (vielleicht identisch mit der zuvor genannten Clara), Uncle Margaret, Allen, Pliable, Jane, (wir sind erst auf Seite 19, übrigens), Larry Sue, Pam, Old Mr. Jenkins, Jenny Wren, Tom Cat, Bruin, Kitty, Tim, General Metuchen, Phoebe, Farmer Jones, Melinda, Fred, the truant officer, Josephine, Trevor, Damian, Emily, General Forester, Dolores, Uncle Wilmer, Pink, Ida, Uncle Bert, Dennis, Pamela, Harry, Pierre, Prudence, Susie, Paul, Mary Ann, Jimmi.

Oder nehmen wir den starken Zyklus über Lawrence von Arabien von der kanadischen Dichterin Gwendolyn MacEwen (geboren 1941, früh verstorben mit gerade mal 46 Jahren, das war 1987), eine Gruppe von Gedichten also, die in einer Übersetzung von Christine Koschel in einer zweisprachigen Ausgabe in der Edition Rugerup erschienen ist. Dies ist ein interessanter Fall poetisch-immersiven Sprechens – und es ist recht eigen. Nun konnte Gwendolyn MacEwen auf einen Charakter zurückgreifen, der bereits auf schillernde Weise gegeben war, legendenhaft und *edgy* zugleich, und an dieser sehr besonderen Stelle etwas an geborgter Subjektivität, ihre persönliche Leihgabe, hinzufügen. »Meanwhile, if one must die for something, / there is nothing like a cross / from which to contemplate the world.« – »In der Zwischenzeit, wenn man schon für etwas sterben muss, / Es geht nichts über ein Kreuz, / von dem herab die Welt zu betrachten.«•

• Gwendolyn MacEwen: Die T. E. Lawrence Gedichte. Aus dem Englischen von Christine Koschel. Hörby 2010. Seite 20 und 21.

Gedichte können sich an die Kongruenz der Zeiten halten, müssen dies aber nicht. Gerade für ungarische Gedichte scheinen hier besondere Regeln zu gelten. Sie können zwischen verschiedenen Zeitebenen hin und her springen, weil sie ein besonderes Verhältnis zum Augenblick haben, weil sie, wie das Bewusstsein, wie das haltlose Denken, Dinge, Erinnerungen, Gedanken und Spekulationen über die Zukunft zusammenbringen, in der Geistesgegenwart. Deswegen haben sie auch eine andere Beziehung zu Logik und Konsequenz.

Damit ein letztes Mal zurück zum Kessel, das verspreche ich, Sie erinnern sich, da waren drei Plädoyers im Konflikt miteinander, in einer nicht ganz richtigen Dosierung: »Wenn nur eine dieser drei Verteidigungsarten als stichhaltig erkannt wird, muss der Mann freigesprochen werden«, ist Freud überzeugt• – was aber, wenn sich alle drei für die Zukunft miteinander verbündeten? Es bleibt mir ja stets der Vergleich mit der Wirklichkeit. Aber wo stelle ich mich dazu hin? Wem schenke ich meine Aufmerksamkeit? Das ist nicht nur im Genre von Science-Fiction eine interessante Frage. Entlang welcher Parameter vergleiche ich? Schmerz wird zum Beispiel gerne genommen, auch Gewalt, als sei die Wirklichkeit in diesen Momenten besonders sie selbst, das befristete Leben, welches das einzige ist. Die Lebensgefahr, zum Beispiel in Form der Gefahr, von der Straße abzukommen.

Bei greller Sonne steuerte ich uns durch den Pinnacle-Nationalpark, ich fuhr wie so oft *rather squeamish* und daher auf

• Sigmund Freud: Die Traumdeutung. Gesammelte Werke. Zweiter und dritter Band. London 1942. Seite 125.

der engen Straße vielleicht etwas zu weit rechts. Das war Kunst. Stundenlang begegnete uns kein Auto, bis auf die beiden Lebendviehtransporter, die, als wir eine kleine Pause machten, aus dem Nichts auftauchten und an uns vorbeischlichen und wir hinfort hinter ihnen her – und meine Gereiztheit (präsent) und der Konflikt zwischen Innenwelt und Außenwelt (präsent) und die Frage, an welcher Stelle sich die Arbeit befindet, also die gute Arbeit sich befindet – und ich mich, im Verhältnis, dazu (präsent). Und wie zeigte sich die Wirklichkeit an diesem Tag? Wie langsam es voranging. Alle Uhren andere Zeiten? Oder stand schon seit Stunden alles auf Sieben? Dann wäre es noch dunkel, oder schon wieder. Aber halt, ich mache eine Gefahrenbremsung. Ich hatte Ihnen »Horse Vision« versprochen. Zunächst auf Englisch, dann in deutscher Übersetzung.

HORSE VISION –
ein Gedicht von Julian Talamantez Brolaski

clock reads 7 at all hours
juncos make selves known in the snow
this time dawdling
I write in horse, but I see in athabascan
when it's time for elevensies, the clock reads 7
what telling fortune therewith
time is a thing that gets spent, like youth, $ and desire
n/t so lovely as a cardinal against the snow
or a tree w/fruit on it
by the time I have ceased to write this
it will already be 7
adjourned to the park
n/thing will come of n/t
starfish creaked in the wood

lurid amulet   w/a fish onnit
sign reads SEVEN all day & at all hours
the dogs curse each other from afar
in dog language
when did the word corrupt begin to take on a moral cast?
horses see in wide angle, and have a much wider
                                        periphery than humans,
but with a blind spot in the very center
so if you want to be sympathetic to a horse say sucks
about those blinders
or if you want to make fun of a horse, tell them
they can't even see whats in front of their fucking faces•

HORSE VISION: Pferde-Sehkraft / Pferdesicht / Das Sehvermögen der Pferde / Im Blickfeld (oder Gesichtsfeld) der Pferde / Pferde-Vision / Ihr Sehsinn / Pferde-Wahrnehmung. Gemeint ist nicht die Befähigung, Pferde wahrzunehmen, wie in den Verknüpfungen *Trainspotting* oder *Birdwatching* – sondern, klar, die Wahrnehmung der Pferde, als ein inneres respektive äußeres Vermögen der Pferde. Schon ist die Umkehr der Perspektive da, die Sprache kann das ganz mühelos, beinah unmerklich sogar, und wir werden sie nicht mehr los – auch das ist: Realismus. Der Titel ist, wie sich gezeigt hat, ein Problem. Herr Richter, Herr Richter, am letzten Sonntag haben wir die Herden überhaupt nicht gefunden. Aha. Außerdem sind wir gar nicht erst losgefahren, und dann war auch noch der Autobahnzubringer Pasewalk gesperrt, und wir mussten auf halbem Weg umkehren.

• Julian Talamantez Brolaski: Horse Vision, in: New Poets from Native Nations. Minneapolis 2018. Seite 141.

HORSE VISION: DIE SICHT DER PFERDE – WIE PFERDE SEHEN

Uhr zeigt 7 zu jeder Stunde

die ganze Zeit / immerzu / pausenlos

Juncos machen im Schnee von sich hören

Der Junco, die Junco: das ist eine Winterammer
aus der Familie der Neuweltammern•

trödelnd diesmal
schreibe ich in Pferdesprache, aber sehe auf Athapaskisch

Die athapaskischen Sprachen bilden die
geografisch am weitesten verbreitete
indigene Sprachfamilie Nordamerikas, mit
40 Sprachen und Dialekten, zu denen
auch das Navajo gehört.

wann es Zeit für Elf-Ührliches ist, die Uhr zeigt 7

elevensies / elvenses: 2. Frühstück

was soll ich daraus weissagen
Zeit ist etwas, das verbraucht wird, wie Jugend, $ und
Begehren

• Wie kommen Vögel zu ihren Namen? Der Ornithologe Frank D. Steinheimer ist damit betraut, Vögeln, die noch keinen deutschen Namen haben, einen wissenschaftlichen Namen zu geben. Dabei stößt er zuweilen auf falschbenannte Gattungen. Der Vogel, der auf Englisch unter dem Namen »New World Sparrow« bekannt ist, ist gar kein Spatz, sondern eigentlich eine Ammer. Wenn mir in den USA ein Robin begegnet, ist dies zwar die Übersetzung des Namens Rotkehlchen, es handelt sich aber eigentlich um eine große Drossel. Denn, wie Steinheimer es im April 2016 im Gespräch mit Cord Riechelmann sagte: Die ersten Siedler waren nicht immer Ornithologen. Siehe auch: Was die Tiere dazu sagen, mit Cord Riechelmann und Frank D. Steinheimer. Im Rahmen von: »Sprache und Wissen«, kuratiert von Marcel Beyer, am 9. April 2016. Abrufbar unter: https://www.hkw.de/de/programm/projekte/veranstaltung/p_126085.php

nit so liebreizend wie ein Rotkardinal im Schnee

Rotkardinal, auch virginische Nachtigall

oder ein Baum mit Früchten dran

der Früchte trägt

bis ich beendet habe, was ich schreibe
wird es schon 7 sein
in den Park vertagt
von nichts kommt nichts
Seesterne knarrten im Wald

oder Holz (wood/woods)

grelles Amulett mitnem Fisch druff
Schild zeigt SIEBEN den ganzen Tag & zu jeder Stunde
verfluchen die Hunde einander aus der Ferne
in Hundesprache
Wann nahm das Wort korrupt seinen moralischen Sinn an?
Pferde sehen in Weitwinkel und haben ein viel größeres
Gesichtsfeld als Menschen,
doch mit einem blinden Fleck genau in der Mitte
wenn du also nett zu einem Pferd sein willst sag: Diese
Scheiß
Scheuklappen
oder wenn du dich über ein Pferd lustig machen willst, sag
Ihr seht ja nicht mal, was direkt vor Eurer Scheißnase ist

Das war der letzte Vers des Gedichts. Natürlich wird die Welt im Blickfeld des Pferdes eine andere sein als im Blickfeld des Hundes, des Rotkardinals, der vielleicht gar nicht so heißt, des trödelnden Dichters, der trödelnden Dichterin, der deutschen Übersetzung, die sich einige Freiheiten herausgenommen hat, am schwerwiegendsten vielleicht die Übersetzung der indirekten in die direkte Rede im letzten Vers, dann die Welt des englischen (US-amerikanischen) Originals, die Welt der vorgestellten athapaskischen Version

– und Vision: »I see in athapascan«. Weil die Grammatik einer Sprache auch den Sehsinn, der selektiert, fokussiert, auswählt und verwirft, betrifft. Ich hab es nicht gesehen, doch mein Spürsinn wusste, dass es da war. Ich hatte auch ein Wort dafür, doch das sag ich nicht.

Die Künstlerin Klara Hobza hat im Jahr 2017 einen so genannten Animaloculomat in die Saurierhalle des Museums für Naturkunde Berlin gestellt, der beinah wie ein gewöhnlicher öffentlicher Foto-Automat aussah – das aber nicht war. Besucher und Besucherinnen konnten sich in seiner Kabine fotografieren lassen, und zwar auf die Weise, in der ein bestimmtes Tier sie wahrnimmt. Man konnte wählen zwischen: Pferd, Schlange, Spinne, Tintenfisch. In der Jubiläumsausgabe der Zeitschrift »Streichelwurst« finden Sie dies alles in mehreren kommentierten Porträts bestens dokumentiert.

Gut, jetzt aber zurück zum Gedicht »Horse Vision«, in dem noch immer 7 Uhr ist, Schnee liegt und Juncos von sich hören machen. Ich habe keinen Grund, irgendetwas davon anzuzweifeln. Denn ich schalte auf eine Ebene der Wahrnehmung, in der ich ohne Weiteres nachvollziehen kann, was es bedeutet, wenn es zu jeder Stunde 7 Uhr ist. Während keine Zeit vergeht, und die Situation, ganz kursorisch, wie eine Skizze hingeworfen ist, und weiter: nicht vergeht – bleibt es also Morgen? Die Erleichterung oder Bestürzung darüber, dass es immer noch sieben ist. Du träumst. Er träumt. Sie alle träumen. Der Kessel muss spätestens am Dienstag zurück in die Bücherei. Wo hast du das Auto geparkt? Aber der Zeiger steht doch noch auf sieben – ja, das schon, aber am Abend! Du hast 18 Stunden geschlafen.

Wenn die Zeit dann wirklich einmal nicht vergeht. Die Uhr als Schild, das nicht tickt. Das Gedicht als Uhr, als Schild, als Schild das eine Uhr zeigt, als bewegtes Bild, als eingefrorene Zeit, als ein bewegungsloser Rotkardinal im Schnee, als erhaschter Moment, als festgehaltener Zeiger, als plötzliche Erstarrung, als liebkosendes Innehalten, als Halten, als Haltung, als Halt. Nichts tickt.

Es ist übrigens völlig gleichgültig, wie viel Uhr es jetzt auf dem Mars ist, solange dort niemand ist, denn die Zeit vergeht nur da, wo Menschen sind und es Schwerkraft gibt. Sie richtet sich an den menschlichen Körper – *your Body: a Beautiful Marker of Time*, wie meine Siegmar Zacharias einmal formulierte. Zeit, man gibt sie aus, man gibt sie hin, wie Dollars, wie Verlangen, sie zeigt sich am eigenen Körper und es sind nur noch drei Tage und ich bin auf Seite 35 der Vorlesungen über Lyrik zwischen Fiktion und Non-Fiction. Über mir rumoren die Nachbarn, in der Küche kocht der Reis.

Julian Talamantez Brolaski hat bisher drei Lyrikbände veröffentlicht: »gowanus atropolis« erschien 2011 in der Ugly Duckling Press, 2012 kam »Advice for Lovers« hinzu – und »Of Mongrelitude« folgte im Jahr 2017. »Its pronoun is it«, lese ich in seiner neuesten Biografie, auf den Seiten von thepoetryfoundation.org. Sein Pronomen ist es. Es ist außerdem Sänger und Gitarrist der Countryband »The Western Skyline« und gibt gerade, gemeinsam mit seiner Großmutter, Inés Talamantez, den Band »The Apache Pollen Path« (University of New Mexico Press, 2020), heraus, ein Buch über die Mescalero-Zeremonie der Apachen.•

• Hier zu finden: https://www.poetryfoundation.org/poets/julian-brolaski

»the dogs curse each other from afar / in dog language / when did the word corrupt begin to take on a moral cast?« Was ist mit dem Wort »corrupt«? Es bleibt immerzu sieben, doch die Worte mithilfe derer ich die Zeit aufhalten will, sie sind ja in Bewegung. »Rotten, depraved, wicked, influenced by bribery (Bestechung) (of languages, texts), vitiated (beeinträchtigt, verdorben) by error or alternations?«• Hm. Die semantische Spannung, die zwischen verderbtem, unlesbarem Text und verdorbenem Text besteht – ist sie gemeint?

Das, was in dem Gedicht »Horse Vision« genannt wird, die Behauptung in Pferdesprache zu schreiben, die mögliche Veränderung durch Neuperspektivierung, bei der Versetzung der Augen an die seitlichen Schläfen, wird in anderen Gedichten von Julian Talamantez Brolaski direkt am Sprachmaterial vollzogen. Es sind Gedichte, in denen sich alt-englische Zeilen neben Neologismen, Abkürzungen, alternativen Schreibweisen, Konsonanten-Clustern finden, im Ganzen also eine Denaturalisierung und Historisierung der Sprache vorgenommen wird, gegen den *Concise Oxford Dictionary* gebürstete Worte (zuerst stand da Duden, Verzeihung, mein Fehler, aber da die Sprache Deutsch vorkommt, kommt in gewissem Sinne auch der Duden vor), Schreibweisen, die an die phonetischen Stimmen einer Partitur erinnern, und dialektale sowie soziolektale Abweichungen, Fremdsprachen, zum Beispiel Deutsch, wie bereits erwähnt, aber auch Französisch, Spanisch, Latein, sehr lange Gedankenstriche, Language-as-second-language-Bildungen, intendierte Buchstabendreher, Lautmalerisches, »cryptoquotation agnaw / honeybees gurgling / in ersatz anglonorman / bovary cum ratatouille / pitbull

• So eine Auswahl aus dem betreffenden Eintrag im Concise Oxford Dictionary.

T-O-G [Tog ist eine Maßeinheit für den Wärmewiderstand von Textilien] / all ridded of giggling / anthopomorphia aghast / DL in the bowries / googling tee hee // wicked hee / to bury our hart at / our hart was in our knee. //«•

Ja, sehr schwer zu übersetzen, aber, begänne man damit, wahrscheinlich extrem lehrreich. Man würde an den semantischen Wurzeln entlang in die Tiefe gehen, man würde das Gelände überfliegen, man käme sehr schnell ganz woanders hin. Ein ganz neues Gewölbe kommt zusammen und spendet lieblichen Schatten. Zum Glück bringt das Gedicht die Sprache, in der es sich befindet und aus der es gemacht ist, gleich mit. Das Gedicht ist das Geschehen selbst, es ist ein Sprachgeschehen, das die Wirklichkeit verändert. Vielleicht werde ich dazu das eine oder andere nachschlagen müssen. Das bedeutet aber nicht, dass das Thema »nur« Sprache ist. Nur Sprache gibt es gar nicht.

Dies sind mögliche Merkmale für ein Verfahren, das stapelt, ineinander blendet, es nicht gut sein lässt, ein Verfahren, das nicht genug bekommt, das Bilder aus disparaten und entfernten Gegenden herbeischleppt, und einerseits enorm strikt unterscheidet, andererseits aber gar nicht. Wie das? Sie kennen die Geschichte mit dem Pferd? Nicht die von eben, die andere. Noch eine. Ja, es gibt immer noch eine. Oder ist es nicht vielmehr eine Fabel? Liegt das an der Pointe oder an der Moral, oder an der Strenge ihrer narrativen Konventionen? »Das Erzählen der Fabel ist prinzipiell ein gewalttätiges«, wendet Enis Maci ein.•• Man wird sehen.

• Das Ende des Gedichts: gowanus apocalypse, in: gowanus atropolis. New York 2011.

•• Enis Maci: Eiscafé Europa. Frankfurt am Main 2018. Seite 14.

Da sagte also der Kaiser zu dem jungen Mann, er möge das beste Pferd der Welt suchen und ihm bringen lassen. Daraufhin zieht der junge Mann los, in die weite Steppe und schickt, nachdem er es gefunden hat, einen Boten voraus, es sei ein Rappe, und es komme in wenigen Wochen an. So, das Pferd trifft ein, es ist aber kein Rappe, sondern ein Fuchs, und der Kaiser sagt, tief beeindruckt: So gut ist er also. Er sieht das beste Pferd, ohne seine Farbe zu sehen. Die Differenz, der Fehler, man könnte auch sagen, die Täuschung wird zum Ausweis der besonderen Qualität der Wahl. Es stimmt, und es stimmt nicht.

Dass mir etwas im Kontext des Gedichts begegnet, ist keine Verharmlosung. In Hamburgers »Logik der Dichtung« lese ich: »Auch die nicht-dichterisch erzählte Lüge, der Traum sind das Erlebnis des lügenden bzw. träumenden Ichs, nur dass wir bei nicht-dichterischer, zweckgerichteter, für einen Wirklichkeitszusammenhang fungierender Aussage berechtigt sind, den Aussageinhalt einer verifizierenden Prüfung zu unterziehen. Dazu sind wir nicht mehr berechtigt, wenn das lügende oder träumende Ich sich als lyrisches Ich setzt, sich in den ›unverbindlichen‹ Kontext seines Gedichts zurückzieht und seine Aussage damit vom Zweck und Zwang der objektiven Wirklichkeit befreit. Dann können, dann dürfen wir nicht mehr feststellen, ob der Aussageinhalt wahr oder falsch, objektiv wirklich oder unwirklich ist – wir haben es nur zu tun mit der subjektiven Wahrheit und Wirklichkeit, nur dem Erlebnisfeld des aussagenden Ichs selbst.«• Doch wenn ich den Satz, der Inhalt des Gedichts ist Teil seiner Struktur, ernst nehme, dann gehört auch die verifizierende Prüfung des Gedichts zu seiner ästhetischen Qualität, auch

• Käte Hamburger: Logik der Dichtung. Stuttgart 1968. Seite 220f.

wenn ich dazu die Wirklichkeit mit meinen Wünschen und Ideen multiplizieren muss. Etwas später heißt es an gleicher Stelle, kursiv gesetzt: »Das Erlebnis kann fiktiv im Sinne von erfunden sein, aber das Erlebnis- und mit ihm das Aussagesubjekt, das lyrische Ich, kann nur als ein reales und niemals als ein fiktives vorgefunden werden.«• So ist es. Damit sind wir schon ein gutes Stück weiter. Zumal das Erlebnisfeld des aussagenden Ichs, sobald ich das Gedicht lese und deute, auch mein Erlebnisfeld als Leserin ist – eine sehr großzügige Geste, ein offener Austausch, eine Einladung. Ich komme darauf zurück, und es wäre schön, wenn Sie dann auch alle mitkämen, auf das Erlebnisfeld, dort, wo über die Bedeutung von Sprache entschieden und vielleicht auch damit gespielt wird.

Dazwischen geschaltet wird eine Tätigkeit sein, die ich »Deutung« nennen möchte, eine Deutung kann werten, in unterschiedlichem Maße. »Durch die Deutung«, schreibt Ruth Klüger, »will sie [die Literatur] über die Wirklichkeit hinaus zur Wahrheit werden. Wer aber die Wahrheit für sich beansprucht kann auch der Lüge überführt werden. Wie lügt man in der Literatur?«•• Oder, wie Enis Maci es in ihrem Essayband mit dem Titel »Eiscafé Europa« formuliert: »Die Frage nach der Anzahl verbindlicher Realitäten ist eine Frage nach der Anzahl sagbarer Lügen.«••• Eine Deutung kombiniert diese, für unterschiedliche Leute verbindlichen Realitäten. Wichtig ist hier, dass die Realitäten im Plural stehen. Da ich selbst kein Text bin, ist meine Deutung nie

• Käte Hamburger: Logik der Dichtung. Stuttgart 1968. Seite 222.
•• Ruth Klüger: Vorwort, in: Gelesene Wirklichkeit. Fakten und Fiktionen in der Literatur. Göttingen 2006. Seite 7.
••• Enis Maci: Eiscafé Europa. Frankfurt am Main 2018. Seite 43.

zu hundert Prozent textimmanent. Gerade bin ich noch die Treppen hinaufgestiegen und an den Regalreihen entlanggegangen. Dieser Moment, das aufgesuchte Buch vor Augen, die Freude darüber, dass es sich an Ort und Stelle seiner Signatur befindet, und umstellt ist von Büchern, die ihm irgendwie ähneln oder auch nicht; ich nehme es zur Hand, schlage es auf und sinke langsam zwischen den Regalen zu Boden. Meine Knie knacken, es wird still. Mir ist, als hielten mich die Bücher versteckt. Ich lehne mich zurück – es ist eine Wonne. Millionen mögliche Lektüren, zwischen denen ich unsichtbar bin. Solange ich kein Buch ausleihe, bleibt die Zeit, die ich in einer Bibliothek verbringe, unverzeichnet und ich anonym. Es ist ein gutes Versteck.

Ich habe aber ein Buch ausgeliehen, ich habe es verbucht und in meiner Tasche aus der Bücherei herausgetragen. Und lese darin, auf Seite 17: »Jede sinnvolle Interpretation – Bedeutungserweiterung – ist von ihrem Wesen her als *interpretatio* zu begreifen, d.h. als Hinüberführen von einem System in das andere. […] Die Überschreitung des Systems ist das Wesen des Deutens, sie ist auch dessen Bedingung. Was sich als system-immanentes Deuten anpreist, ist dagegen risikoloses, am Ende sinnleeres, weil unverbindliches Divertieren.« Der nächste Absatz des Buches beginnt mit dem Satz: »Ich trachte danach, verbindlich zu werden.«• Wir müssen los.

Mitte Oktober stiegen zwei Personen, und ich war eine davon, in den treuen tapferen blauen Nissan und fuhren die Route 395 hinauf nach Norden. Es waren warme Tage. Da

• Aron Ronald Bodenheimer: Warum? Von der Obszönität des Fragens. Stuttgart 2004. Seite 17f.

war die als Tödin verkleidete junge Frau, die uns noch in Pacific Palisades begegnete, die unvergesslich entsetzten Blicke der Studenten, das kalte, große, für unbewegliche Überzeugungen eingerichtete Zimmer im *Sierra Nevada Spa*, Wohnblock 2, ein Ski Ort in der Übergangssaison, halbgebräuchlich, als Ganzes abwartend, Geruch von verbranntem Holz und nur Männer auf den Straßen, in den Bars, und ein paar Hunde, harte Hügel, keine Bürgersteige, ein Fahrradverleih, *Hiker in the early morning light*, Kofferraum, Ladefläche, Karomuster, Geld – die überall hervortretenden Haltungen und die überhandnehmende Landschaft, das Licht, ein gewaltiges Spektakel, Serpentinen, Serpentinen, Serpentinen, zudringliche Kühlergrills im Rückspiegel, gut ausgebaute Straßen, niemals ist es eng, doch da sind Trucks, die auf der nebligen schlechtbeleuchteten Küstenstraße nicht abblenden, dann musst du zum rechten Fahrbahnrand schauen. Oder einfach hinter dem Laster bleiben, lass uns einfach für immer hinter ihm bleiben, verstehst du, das ist jetzt unser Leithund … Und die im Licht immerzu ihre Farbe wechselnden Berge, purpur und blau, vorher orange, als wechselten auch sie ihre Temperatur – die Hitze am Tag, die plötzliche Kälte kurz nach Sonnenuntergang – wie schnell das geht. Die Stunden der Schnee-Prophezeiung. Schon in zehn Tagen wird das alles weiß und unpassierbar sein.

Da die Zukunft generell im Dunkeln liegt, konnte ich damals noch nicht absehen, dass uns die Frage von Fiktion und Non-Fiction im Frühjahr 2019 aus vielerlei Richtung entgegentreten wird. Was Fiktion und was Non-Fiction ist, oder darf, hat jüngst einen leicht überanstrengten Klang angenommen, der aber nicht uninteressant ist. Können Sie die Namen noch hören? Sicherlich: *Alternative Facts, Fake News,* Propaganda, Appropriation, ornamentale Vernutzung, Spiegelung der Lesererwartung, Reportage Bots, Mechanismen der faktualen Lektüre, *Storytelling*, Leute, die taumelnd aus dem Kino kommen, Neuro-Hermeneutik, die aufgeflogene Lüge, der eigene Stumpfsinn, Einfallsreichtum, Erfindung, Betrug, *I am sick and I need to get help*, Täuschung, korrupter Kolportagestil, ein hastig zusammengebastelter Schweizer, der Sog des schlechten Stils, Laienleser gegen Profileser, der Sog des guten Stils, postkonzeptuelle Schreibweisen, der szenische Einstieg, *the daily violence of Real Estate Trends*, soziale Mehrsprachigkeit, die Grenzen des eigenen Blicks, die Fragilität erzählter Wirklichkeit, die Rührsal platzierter Objekte, die Autonomie der Perspektive, das gute und das böse Wort – und die Erkenntnis, dass erfundene Reportagen noch lange keine Literatur sind. Zumindest das kann uns jetzt schon eine Lehre sein. Manche werden inzwischen mit diesen Konflikten abgeschlossen haben, doch irgendwie vermute ich, dass es Menschen generell nicht möglich ist, mit diesen Konflikten ein für alle Mal abzuschließen.

Wohl macht es einen Reiz des Ästhetischen aus, dass das Gespräch über Wirklichkeit und Unwirklichkeit auf einem von vornherein als fiktiv gekennzeichneten Feld offen geführt werden darf. Ich widme mich einer Aussage, die weder wahr noch falsch, sondern nur möglich ist. Manche davon gefallen mir dennoch besser als andere. Ich tue dies ohne dass ich durch zu langes Verharren in der »ermüdenden Haltung chronischer Skepsis in eine Art resignierte Leichtgläubigkeit«• gerate, die genau genommen auch kein

• Alf Hornborg: Animismus, Fetischismus und Objektivismus als Strategien der Welt(v)erkenntnis, in: Animismus, hg. von Irene Albers und Anselm Franke. Zürich 2012. Seite 60.

guter Zustand ist, um andernleuts ästhetische Entscheidungen zu genießen. Muss ich mir jetzt den alten Vorwurf des Eskapismus gefallen lassen, ach – schon melden sich aufs Neue alte Zweifel an, ob es diese Grenze, die das fiktionale Erzählen von jeder Wirklichkeitsaussage trennt, überhaupt gibt. Die Urteilskraft bewegt sich auf beiden Feldern. Mancher lügt, mancher schweigt, andere tun beides zur gleichen Zeit.

War es also nur eine Sache der Leichtgläubigkeit? War mein Charakter zu wenig glaubwürdig, oder ist er das etwa nach wie vor? Was ist mit all den anderen unglaubhaften Charakteren um mich herum? Sie leben hoch! Hoch! Hoch! Und wo ist die ganze Bande hin, die in karnevalesker Plötzlichkeit Ashberys »Girls on the Run« bevölkert? Wo bleibt der geschulte Narratologe, der sie auf Linie bringt? Du kommst in meinem Lyrikband vor. Wo? Da. Aber da ist doch von einem Kessel die Rede! Einem Kessel auf Rädern. Doch Polemik hat noch nie jemanden von einer Sache überzeugt, der dies nicht schon vorher gewesen ist. Ich hab den Kessel nicht erfunden, und das sind auch nicht meine Anstreichungen. Außerdem bin ich erst gegen 11 Uhr 20 mit dem Auto, und zwar in einem mittelblauen tapferen Nissan an der bereits brennenden Bibliothek vorbeigefahren. Der Verkehr war ein Wahnsinn, er schien auf und davon, sich selbst abzuschaffen, oder sagen wir, zu übertreffen.

Der Verkehr in Downtown Los Angeles war wirklich genauso wie er vor mehr als 17 Jahren von Christa Wolf in ihrem Buch »Stadt der Engel oder The Overcoat of Dr. Freud« geschildert worden ist: »Wir mussten ein Bestandteil dieses tausendäugigen Fabelwesens werden, das, auf je fünf Spuren, in zwiefacher gleichartiger Gestalt einander entgegen und scheinbar um Haaresbreite aneinander vorbeiraste, wir mußten uns einfühlen in die vor uns, hinter uns, rechts und links neben uns mitfahrenden anderen Bestandteile dieses Wesens, das uns alle beherrschte und das jede Eigenbewegung, jeden Fehler grausam bestrafte, wie es uns Abend für Abend auf dem Bildschirm vorgeführt wurde. Die ineinander verkeilten Karossen, die im Schockzustand weggeführten oder als Verwundete, als mit einem weißen Laken bedeckte Tote auf Bahren weggetragenen Insassen dieser Schrotthaufen, als untauglich ausgespien, als weichliche Versager den Härtetest nicht bestanden, dem wir uns, dachte ich, arglos und leichtfertig ohne Not aussetzten.«•

Das erste Kapitel des essayistischen Romans »Die Stadt der Engel« ist überschrieben mit einem Satz von E. L. Doctorow: »Die wirkliche Konsistenz von gelebtem Leben kann kein Schriftsteller wiedergeben.« Und dem ganzen Roman geht folgende Erklärung voraus: »Alle Figuren in diesem Buch, mit Ausnahme der namentlich angeführten historischen Persönlichkeiten, sind Erfindungen der Erzählerin. Keine ist identisch mit einer lebenden oder toten Person. Ebenso wenig decken sich die beschriebenen Episoden mit tatsächlichen Vorgängen.« Das gilt allerdings nicht für den Autoverkehr. Der ist sehr genau getroffen, genauso wie viele andere Vorgänge mehr.

Prosa-Schriftstellerinnen, Balladen und brennende Bibliotheken, wo bleibt die Beweisführung bezüglich des Ge-

• Christa Wolf: Stadt der Engel oder The Overcoat of Dr. Freud. Frankfurt am Main 2011. Seite 32.

dichts? Einen kleinen Moment noch, wir sind ja noch ganz am Anfang, erstmal sitzen wir im Auto, und sie fährt schon wieder einen Umweg, tscha, aber sie hat nun mal das Steuer, und zeigt lachend nach hinten, wie nass ihre Hände sind. So nass. Wir müssen Kompromisse machen.

»And I am coaxed to compromise«, yes, you are coaxed to compromise, du wirst in einen Kompromiss hineingequatscht, so beginnt ein Gedicht von Ann Cotten, das ich Ihnen jetzt vorstellen möchte.•

And I am coaxed to compromise

Into the car! Into a better world,
where we will all float and burn, and fly, aflame, and stick,
where all trafficants are always sane
and we give right of way to all the sick,
the lame, the crazy, imbecile and dead
provided that the signal says we should.

Friendship! Ye friendly cars and buses!
Swiftly we drive in similar tempo
over the streets and along avenues,
you in the bus lane, me on the pavement,
me on the bus lane, you then superfluous,
buses. Just hear: now it runs, now it bangs,
the road is all cloudy with sky, as, high up,
a bloodthirsty blunderbuss, heavy it hangs.

• Ann Cotten: Am I coaxed to compromise, in: Lather in Heaven. Berlin 2016. Seite 83.

Und ich bin zum Kompromiss gedrängt

Ins Auto! In eine bessere Welt,
wo wir alle schweben werden und brennen, und fliegen,
in Flammen, und tanken,
wo alle Verkehrsteilnehmer stets vernünftig sind
und wir gewähren Vorfahrt all den Kranken,
den Lahmen, den Irren, den Idioten und Toten,
sofern ein Verkehrszeichen uns dazu verpflichtet.

Freundschaft! Ihr freundlichen Autos und Busse!
Zügig fahren wir in ähnlichem Tempo
auf den Straßen und entlang der Avenuen,
ihr auf der Busspur, und ich auf dem Bürgersteig,
ich auf der Busspur und ihr dann entbehrlich,
Busse. Hört nur: jetzt läuft es, jetzt knallt es,
die Straße ist vor Himmel ganz wolkig, als hoch oben,
eine blutrünstige Donnerbüchse, schwer hängt'se.

Was ist Form, was ist Inhalt? Ganz einfach: Die Form ist die Straßenverkehrsordnung und der Inhalt sind die Leute in der Fahrzeugkabine, die sich nicht an sie halten. Die mampfenden und murmelnden, die rauchenden und fluchenden Fahrerinnen und Fahrer. Die Raser und die Hasen, und das, was sie auf der Rückbank sagen, im Fond und vorne auf dem Beifahrersitz. Das ist der Inhalt. Während die Straßenverkehrsordnung vom 6. März 2013 (BGBl. I Seite 367), die zuletzt durch Artikel 2 der Verordnung vom 16. Dezember 2016 (BGBl. I Seite 2938) geändert worden ist, die Form darstellt. Zur Auffrischung hier nochmals die Grundregeln. (1) Die Teilnahme am Straßenverkehr erfordert ständige Vorsicht und gegenseitige Rücksicht. (2) Wer am Verkehr teilnimmt, hat sich so zu verhalten, dass kein Anderer geschädigt, gefährdet oder mehr, als nach den Umständen unvermeidbar, behindert oder belästigt wird. Das ist die Form.

Endlich wäre dieses Problem ein für alle Mal geklärt. Ich habe in meiner Übersetzung des Reimes wegen an manchen Stellen den Inhalt der Form angepasst – habe aber versucht, den Inhalt redlich (auf der Busspur) herüberzutransportieren. Das Gedicht beschreibt natürlich eine Utopie, eine Utopie der Fairness und Freundlichkeit, in den Grenzen der Vernunft. Eine ganz reelle Utopie, die von jedem Verkehrsteilnehmer und von jeder Verkehrsteilnehmerin jederzeit verwirklicht werden kann. Die Theorie ist da und die Praxis beginnt, sobald ich – zieh deinen Mantel an – das Haus verlasse. Ich erinnere mich sehr deutlich daran, wie verstört ich war, festzustellen, dass dieses gesetzliche Regelwerk der Straßenverkehrsordnung, das doch eigentlich ziemlich gut ausgedacht ist, pausenlos unterlaufen wird, und das von Leuten, die sich dabei im Recht fühlen. Daran zeigt sich immer wieder, vor allem aber im Frühling, dass die Menschheit auf nichtswürdige Weise aussterben wird, und es auch nicht anders verdient hat. Ja, ihr »blutrünstigen Donnerbusse, schwer hängt ihr«.

Wird denn die Form auch andernorts von ihrem Inhalt immerzu so entsetzlich ignoriert?!? All die Straßen, Kurven, Wüsten, Berge, Serpentinen und die zusammengezogenen Wasserflaschen auf dem Rücksitz, die Höhenunterschiede. Das freundliche Abwarten der anderen Verkehrsteilnehmer bei ungenauen Fahrmanövern, dann wieder die bösartigen Beschimpfungen oder das schwallartige Hupen des blauen chromverzierten Trucks als ich *Attention Narrow Bridge / Do not Pass / 45 mph Speed Limit* tatsächlich auf 50 runterging, und er mich fast wegschob, während zwei Pickup-Trucks uns hupend überholten, der Sonnenbrand, die Autos, rechts und links in gleißendem Licht, die gespiegelten Lichteffekte auf den Rückscheiben des vorausfahrenden Autos, die die Sonne bündeln und noch viele hundert Meter nach dem Überholen Löcher in die Wahrnehmung gefressen haben, 37 mph bei komplett heruntergetretenem Gaspedal und die hinter uns nach rechts und links schaukelnden SUVs, schau einfach nicht hin, die riesigen Karren, das ist Wirklichkeit, insofern als Wirklichkeit das ist, was dich umbringen kann. Männer, die einem am Seitenstreifen liegengebliebenen Monster in den Motor sehen wollen, müssen auf die Stoßstange klettern und sich hineinhängen wie Kätzchen am Kratzbaum oder Spielzeugaffen in einem artgerechten Kühlergehege, und dann, bei Nevada City, im Wald, an der Kreuzung zweier Wege, ein in Fetzen gerissene Pornoheft, der landwirtschaftliche Elektroschrott, die halb verfallene Hütte mit dem angesengten Truck daneben, als wir die schamanische Villa nicht finden, die unaufhaltsame Dämmerung, die Dämmerung, die Dämmerung, die Schotterpiste und die Dunkelheit und kein Empfang und keine Ahnung, wo wir sind, aber eine ausgefeilte Wegbeschreibung: *Second Junction*, meinst du, das ist schon eine *Junction*? Die mit unserem tapferen blauen Nissan nun wirklich nicht befahrbaren *Dirt Roads*, die Kratzer im Lack, einmal auf der Fahrerseite längs rüber, *and Jackass Flat was the Goldsucher Mainroad once, it was the only road around here, and it is called Jackass Flat, because of the donkeys they used* und die ausgehöhlte Landschaft ist mein Zeuge, *and you ask yourself is this still your planet?*

•

Die Beispiele, die ich zur Untersuchung meiner These ausgesucht habe, stammen in vielen Fällen aus Grenzgebieten. Denn die Grenze ist die Stelle, wo eines auf das andere trifft.

Make a distinction, draw a line. Sie ist real und metaphorisch, doch auch ihr metaphorischer Anteil ist durchaus real. »Grenzen waren von alters her vieldeutige und besondere Orte, an denen sich Außerordentliches ereignete. Das *Handwörterbuch des deutschen Aberglaubens* beschreibt auf zwanzig Seiten die Gebräuche, Rituale und Vorsichtsmaßnahmen, die – von Ort zu Ort, Region zu Region verschieden – an der Grenze notwendigerweise befolgt werden mussten, um Unheil an diesem heiklen Ort zu verhüten, ihm Respekt zu zollen und die Kraft der Grenze zu stärken.«• Hierzu gehören Passagenriten, fabelhafte Begleiter, aber auch mannigfache Formen von Sicherheitstechnik. Wir werden darauf zurückkommen.

Eine heikle Verlockung mag darin bestehen, die Grenze als abstraktes Prinzip für alle Erscheinungsformen von Differenz herzunehmen – die Metaphern, die sich wieder als wirksamer herausstellen als die Begriffe – und mit einem Mal überall Grenzen zu sehen, die ungesicherte Grenze zwischen Gedicht und Prosagedicht beispielsweise, und dabei ihre ganz konkrete und reale Eigenschaft, nämlich dass die Grenze »mit einem immensen Aufwand an professionellen, militärischen, polizeilichen, pädagogischen und ethischen Dienstleistungen aufrechterhalten […], kontrolliert, überwacht, verwaltet, befestigt, rechtlich abgesichert und verteidigt werden (muss)«,•• aus dem Blick zu verlieren. Da wäre die Abstraktion beinah schon eine Form der Sublimierung,

• Marianne Gronemeyer: Die Grenze. Was uns verbindet, indem es trennt. Nachdenken über ein Paradox der Moderne. München 2018. Seite 12.

•• Marianne Gronemeyer: Die Grenze. Was uns verbindet, indem es trennt. Nachdenken über ein Paradox der Moderne. München 2018. Seite 18.

eine Wunscherfüllung und Entkörperung, ein metaphorischer Trick. Wo hört das eine auf, wo fängt das andere an?

Doch man weiß es schon, ab wann man auf der Straße sitzt. Man weiß auch, ob es sich um eine Grenze handelt, die man sich selbst gesetzt hat, oder um eine, die einem gesetzt worden ist, gegen unbeglaubigte Freizügigkeit, gegen den eigenen Ausdruckswunsch, gegen Selbstzerstörung, gegen alles Mögliche. Und hier spielt die Perspektive wieder eine große Rolle, wer es ist, der oder die von wo aus eine Grenze betrachtet. Ein Beispiel von vielen, die Grenze zwischen den USA und Mexiko: »Für den Mexikaner stellt sie eine unüberwindbare Mauer dar, für den Chicano, also den bereits in den USA lebenden Mexikaner, ist die Grenze die Nabelschnur, die ihn mit Mexico verbindet, für den Nordamerikaner ist sie ein Symbol für nationale Sicherheit und gleichzeitig die Grenze zur Dritten Welt. Sie ist eine Kriegszone, die mit einem Arsenal von militärischer Technik verwaltet und geschützt wird.«•

Grenzen und ihre Überquerung bringen ihre eigenen Mythen und Tricksterfiguren hervor, im Transit zwischen respektablen Fluchthelfern und skrupellosen Schleuserbanden. Je unüberwindbarer die Grenze ist, desto lebendiger werden solche Agenten. Häufig handelt es sich um Kooperationen über Gattungsgrenzen hinweg. »Der Koyote ist mehr als ein canis latrans an der Grenzlinie zwischen den USA und Mexiko. Er steht für all jene gewerblichen ›Guides‹, welche die nationalen Grenzen überqueren sowie illegale Migrationsbewegungen und undokumentierte Mobilität or-

• Sabine Scholl: Die Welt als Ausland. Zur Literatur zwischen den Kulturen. Wien 1999. Seite 20.

ganisieren können. Britische Seeleute bezeichnen die schwer zu fassenden Helfer*innen von blinden Passagier*innen als Haie, an der griechisch-albanischen Grenze werden sie korakia, Raben, genannt. Im Chinesischen bezeichnet man sie als shetou, Schlangenkopf – eine Person, die so listig ist wie eine Schlange und die weiß, wie sie ihren wendigen Kopf einzusetzen hat, um sich einen Weg durch schwierige Situationen zu bahnen.«[•] Geistesgeschichtlich sind auch Engel solche Zwischenwesen, Vermittler zwischen den Welten, was sich nicht nur an ihrer beflügelten Menschengestalt zeigt, sondern auch daran, dass sie häufig mit einer männlichen und einer weiblichen Hand dargestellt werden.[••]

Zu Beginn des bereits zitierten Buches »Stadt der Engel« beschreibt Christa Wolf womöglich ihre eigene Einreise in die USA, den Dialog mit dem Grenzbeamten, im Jahr 1992. »Germany? – Yes. East Germany. – Weitergehende Auskünfte zu geben wäre mir schwergefallen, auch sprachlich, aber der Beamte holte sich Rat am Telefon. Diese Szene kam mir vertraut vor, das Gefühl der Spannung kannte ich gut, auch das der Erleichterung, als er endlich das Visum stempelte und mir meinen Pass mit seiner von Sommersprossen übersäten Hand über die Theke zurückreichte: Are you sure this country does exist? – Yes, I am, antwortete ich knapp, das weiß ich noch, obwohl die korrekte Antwort ›no‹ gewesen wäre und ich, während ich lange auf das Gepäck wartete, mich fragen musste, ob es sich wirklich gelohnt hatte, mit dem noch gültigen Pass eines nicht mehr existierenden Staa-

• Dimitris Papadopoulos und Vassilis Tsianos, zitiert nach: Fahim Amir: Schwein und Zeit. Tiere, Politik, Revolte. Hamburg 2018. Seite 55.

•• Schauen Sie sich einfach die historischen Darstellungen an.

tes in die USA zu reisen, nur um einen jungen rothaarigen Einreisebeamten zu irritieren.«•

Erinnern Sie sich noch an die Debatte um die »Fiktion einer Nichteinreise«? Wie soll man da argumentieren? Für diejenigen, denen es gerade geglückt ist, eine Grenze zu überwinden, wird es sich dabei um alles andere als Fiktion handeln. Die so genannte geopolitisch günstige Lage, das Mittelmeer als Wassergraben, ein instabiles Folterland als undurchdringliche Wand, während Güter und Gelder zirkulieren, die Bewegungen der aufgehaltenen Körper, die Resignation, Transitzentren in der Wüste, ausgelagerte Flüchtlingslager, Beugung des Asylrechts, politische und ökonomische Formen der Erpressung, die Grenze als Fetisch, die Grenze als Grundbedingung des Landes, das alles ist so präsent, dass man es kaum noch hört. *No Border, no Country*, behauptete der US-amerikanische Präsident Trump kürzlich und verlegte somit das gesamte Land an die Grenze, machte es quasi zum Fetisch der Abgrenzung und verwies jeden Versuch einer eigenständigen Referenz des Landes auf sich selbst ins Abseits. Also wird die Identität auf eine aggressive und schwächliche Weise den Anderen überantwortet. Und es müssen Mauern hochgezogen werden – als gäbe es Gewalt nur als Importphänomen. Hinzu kommt, was offensichtlich ist: Indem ich die anderen aussperre, sperre ich mich selber ein, selbst wenn ich die einzige bin, die weiß, wo der Schlüssel ist. Zunächst sperre ich mich (mit meinen eigenen Dämonen) ein.

Wer darf passieren, und wer nicht? Es handelt sich um Grenzen, die offen sind für Unternehmen, für Kapital und

• Christa Wolf: Stadt der Engel oder The Overcoat of Dr. Freud. Frankfurt am Main 2011. Seite 10.

Verbrauchsgüter, aber geschlossen für Arbeiter und Regulatoren, und die dazu beitragen, die dramatischen Unterschiede im Wohlstand, die innerhalb der jeweiligen Länder und global bestehen, zu festigen. Auf der ganzen Welt entstehen neue Mauern, zum Beispiel in Algerien, Österreich, Bulgarien, Estland, Ungarn, Indien, Jordanien, Kenia, Lettland, Litauen, Mazedonien, Pakistan, Tunesien, der Türkei, Großbritannien, der USA. »Even Norway built a border wall in 2016.«* 2018 gab es fünf Mal so viele Grenzmauern wie 1989.** Und das, obwohl die meisten Waren nicht mehr dort produziert werden, wo sie verkauft werden sollen. Es handelt sich um eine weltweite Konjunktur, und oft, so Wendy Brown, um ein theatrales Mauerspektakel, das ineffektiv und teuer sei, eine staatliche Muskelprotzerei, um sich der eigenen Souveränität zu versichern, eine plakative und kindische Umgangsweise mit dem Problem der Ungleichheit. Letztlich sei die Mauer ein magisches und nicht besonders verlässliches Objekt, das rund um die Ballungszentren mit Sicherheitstechnik optimiert ist, aber ein paar Meilen weiter aus einem baufälligen Zaun bestehen kann und das allenfalls dafür sorgt, dass der Versuch, eine so gesicherte Grenze zu überwinden, nicht unmöglich, sondern nur gefährlicher wird. Während die mexikanischen Drogenkartelle schnell herausgefunden haben, dass man die gut verpackte Ware in einer ruhigen Minute mithilfe eines Katapults auf den Weg bringen kann. »Zeig mir eine 50 Meter hohe Mauer und ich

* Reece Jones: Violent Borders. Refugees and the Right to Move. London/New York 2017. E-Book.

** Torsten Körner: Von Mauern und Menschen. Ein Essay über den Bewusstseinswandel der Menschen, Gedanken über Beton und Stahl und die Radikalisierung unserer Rhetorik. DLF, am 13.1.2019.

zeige Dir eine 51 Meter hohe Leiter«, so Janet Napolitano, *Secretary* des *US-Department of Homeland Security.*•

So hoch muss die Mauer womöglich gar nicht sein, um ihren theatralen Zweck zu erfüllen. Am 28. Januar hörte ich im Radio, dass Dänemark begonnen habe, eine 70 Kilometer lange und anderthalb Meter hohe Mauer entlang der Deutsch-Dänischen Grenze zu bauen, um Wildschweine daran zu hindern, sich nach Dänemark auszubreiten. »Dänemark spricht von einer Vorsichtsmaßnahme für den Fall, dass die Afrikanische Schweinepest in Deutschland ankommt. Bisher ist kein Fall bekannt. Ministerpräsident Rasmussen hat betont, Wanderer und andere Grenzgänger würden nicht eingeschränkt. Neben den regulären Grenzübergängen würden zusätzliche Tore geschaffen.«••

Mit den entsprechenden Bedürfnissen nach Abschottung (Stichwort Brexit) werden auch viele neue Zöllner und Zöllnerinnen nötig. »Die (deutsche) Zollgewerkschaft BDZ hält mindestens 1300 neue Stellen für die Bewältigung des Brexit für nötig. [...] Die niederländische Regierung hat 100 Millionen Euro für den Brexit bereitgestellt und will 900 zusätzliche Zöllner einstellen. [...] Die französische Regierung will 580 zusätzliche Zöllner und Veterinärinspektoren einstellen. Sie stellt 50 Millionen Euro für Investitionen in Häfen und Flughäfen bereit.« Und auch »Belgien will mindestens 115 neue Stellen schaffen, um den Zoll und Kontrolleure für Tier- und Pflanzeneinfuhren zu verstärken.«•••

• Wendy Brown: Walled States, Waning Sovereignty. New York 2010. Seite 107.

•• So zu lesen auf inforadio.de/Nachrichten, am 28.1.2019.

••• Spiegel Online: Tausende Zöllner dringend gesucht, am 26.1.2019.

Dennoch passieren Güter die Grenzen meist relativ zügig, Reisefreiheit hingegen ist ein ungleich verteiltes Gut. Leute, die mit einem deutschen Pass ausgestattet sind, können 162 Länder visafrei bereisen (in 36 davon bekommen sie das Visum bei der Ankunft ausgestellt). Damit liegt Deutschland mit Japan an zweiter Stelle. Den ersten Platz teilen sich Singapur und Südkorea mit 163 Ländern, also einem Land mehr. Am anderen Ende der Skala befinden sich Libyen, Jemen, Sudan (38), Somalia (32), Pakistan (29), der Irak (28), und zuletzt: Afghanistan (25). Das ist übrigens eines der wenigen Länder, neben Nordkorea und Somalia, in dem es, wie in Deutschland, kein Tempolimit auf den Autobahnen gibt. Ist das nicht ein eigenartiger sozio-politischer Chiliasmus? Aber das nur am Rande bemerkt.

•

»Als wir auszogen in den Krieg / hielt ich deine Hand / Beobachtet von Satelliten / Wir entledigten uns der Kälte / Nur um am anderen Ende der Welt zu sagen / Habt keine Angst / Wir stehen noch nicht an euren Grenzen.«• So heißt es in dem Gedicht »Briefe aus dem Innersten« des syrisch-palästinensischen Lyrikers und Journalisten Ramy Al-Asheq, den ich im Rahmen der Initiative Weiterschreiben kennengelernt habe.•• Seit vier Jahren lebt er in Deutschland, sein Weg hierher war nicht leicht. Weiterschreiben ist ein Zusammenschluss von Autorinnen und Autoren, aus Krisengebieten die einen, manche inzwischen in deutschem

• Ramy Al-Asheq: Briefe aus dem Innersten, in: Gedächtnishunde. Übersetzt von Lilian Pithan und dem Autor. Bremen 2019.

•• Ein Portal für Literatur und Musik aus Krisengebieten: https://weiterschreiben.jetzt

Exil, die anderen schon immer in Deutschland lebend. In Tandems verpaart, geht es darum, den Neuankömmlingen das Weiterschreiben zu erleichtern. Das bedeutet auch, dass das, was sie schreiben, hierzulande weitergelesen werden kann. Es geht also auch um Übersetzung. Da freut es mich sehr, dass unter dem Titel »Gedächtnishunde« im Frühjahr 2019 erstmals ein Band mit deutschen Übersetzungen der Gedichte von Ramy Al-Asheq erschienen ist. Darin auch das oben anzitierte Gedicht »Briefe aus dem Innersten«.

»Wir stehen noch nicht an euren Grenzen.« Fast tönt es wie ein bitterer Witz, die Unbeteiligten, die sich in Sicherheit befinden, auf diese Weise zu beruhigen. Denn die so genannten Unbeteiligten sind ja doch auf ihre Weise beteiligt: »Es sind die reichen Länder mit ihren Waffengeschäften, ihrer räuberischen Handelspolitik und ihrer opportunistischen, von Wirtschaftsinteressen diktierten Bündnispolitik, die die Flüchtenden auf dem Gewissen haben. Es gibt so viele Fluchtursachen, wie es Strategien der reichen Weltareale gibt, sich am Rest der Welt zu bereichern.«• Das sind dann wohl wir. Die Perspektiven knirschen und die Bilder, die Ramy Al-Asheq dafür findet, lassen den Skandal der Gleichzeitigkeit von Krieg und Frieden erfahrbar werden, indem sie ihn dosieren, in zurückhaltende Bilder überführen, indem sie einen kleinen Schritt wegtreten und die Distanz halten. Es ist eine Frage des Ortes. Sehr vieles ist eine Frage des Ortes. Daher rühren die Grenzen.

Wenn Ramy Al-Asheq und ich gemeinsam auftreten, oder im Rahmen des Programms der Initiative Weiterschreiben

• Marianne Gronemeyer: Die Grenze. Was uns verbindet, indem es trennt. Nachdenken über ein Paradox der Moderne. München 2018. Seite 186.

auf Podiumsdiskussionen Auskunft geben, über das Schreiben und seine Bedingungen, über Gedichte und ihre Übersetzung, politische und ästhetische Grundsätze, poetische Anschaulichkeit und die Suche nach einer Sprache, in der der künstlerische Ausdruck auch traumatischer Erlebnisse möglich ist, kommt mir meine eigene Arbeit zuweilen etwas frivol und leichtfertig vor. Welche Grenzen hatte ich zu überschreiten? »Schriftsteller aus der gemütlichen Welt«, nannte dies einmal eine bosnische Dichterin, als die Akademie für Sprache und Dichtung ihre Frühjahrstagung in Sarajevo abhielt. Das bin dann wohl ich.

Da trifft mich die Überlegung: Was machst du, deinerseits, mit der Öffentlichkeit, die man dir schenkt, zubilligt, anbietet? Und diese Frage gewinnt mehr und mehr an Dringlichkeit. Machst du immer wieder dasselbe? Hast du richtig nachgedacht? Welches Risiko gehst du ein? Was befürchtest du? Wie wirst du auf Fragen reagieren? Einfach das sagen, was bereitliegt, oder stotternd nach etwas suchen, das sich gerade erst formiert, das womöglich wirklich von der Frage ausgelöst worden ist. Machen wir es noch ein wenig komplizierter: Wer spricht für wen? An welchen Stellen sagst du wir – und wen meinst du damit?

Eine Möglichkeit wäre folgende: Auf die Unwahrscheinlichkeit der öffentlichen Situation auf unwahrscheinliche Weise reagieren – all diese Menschen haben sich die Schuhe angezogen, haben das Haus verlassen, um da dabei zu sein. Diese Konstellation wird sich nie wieder einstellen, eine ähnliche vielleicht, aber eben diese nicht. Das ist sensationell. Ich kann jetzt mit dem Vortrag beginnen.

Der Realitätsgehalt des Gedichts zeigt sich, auch dann, und zwar als peinlicher Mangel, wenn das Gedicht missglückt. Man kann es dann kaum vorlesen. Es zeigt sich auch die Bereitschaft des Wortes, die Gewalt mitzuverkörpern. Doch besteht die Antwort nicht unbedingt in dem explizit auf Inhaltsebene auf den ersten Blick als politisch zu erkennendes Gedicht. Der Blick gelte der Form. »Die einzige Chance, einen Zugriff auf das Politische zu finden, [ist] die konkrete Auseinandersetzung mit den unterschiedlichen Grammatiken der Sprachmittel, die im Spiel sind. Es geht darum, deren Zusammenspiel zu beobachten und zu untersuchen, welche Formen von Subversion, von Unterwanderung der Sprachmittel, die von gezielten Machtinteressen geleitet werden, überhaupt noch möglich sind.«• Ich habe oft gesehen, dass man sich gerade dort, wo es um Gewalt geht, nicht gedankenlos der Sprache überlassen kann. Dass gerade in diesen Fällen die Form besondere Beachtung verdient – und damit ist nicht die Affirmation jeder Art von Ästhetisierung gemeint. Es ist nicht leicht, und vielleicht auch gar nicht geboten, so allgemein über schwer erträgliche Phänomene zu sprechen. Gleichzeitig muss darüber gesprochen werden. Sie zu verschweigen wäre die eigentliche Kapitulation vor der Ungerechtigkeit. Welche Metaphern, welche Verdinglichungen, welche Personifikationen sind denkbar? »Ich war ein Reifen, der brennend einem Flugzeug / Den Weg versperrte / Du warst ein Vogel, der in ein Land zog / Das die Sprache seines Zwitscherns nicht verstand«, heißt es an späterer Stelle in dem bereits zitierten Gedicht von Ramy Al-Asheq. Es braucht zuweilen gar nicht viele Worte.

• Manos Tsangaris im Gespräch mit Johannes Odenthal: To Rearrange the Scene, in: Schwindel der Wirklichkeit. Magazin. Berlin 2014. Seite 7.

Was das Material angeht: Weg mit der falschen Anschaulichkeit, der gut gebauten Struktur, der Erwartbarkeit, der Indienstnahme von symbolischen nature-mortalen Details zur verschwiegenen Bestätigung des Vorgewussten, Szene, O-Ton, Reax, Witterung, weg mit der Taxonomie von Sätzen, der geschwärzten Alufolie, den Ratten, die hinter den Paneelen raschelten, dem kalten Wind. Machen wir uns an das Wegräumen von einigen Dingen, zum Beispiel den Fiktionen, die mit dem gut Fingierten kooperieren, der angefeatureten Rede, dem szenischen Einstieg – um dann, aus der neu gewonnenen Abstraktion heraus, die Dinge wiederherzustellen. Ein rein thetisches Gedicht, abstrakt, mineralisch, aus Prämissen zusammengesetzt, mit straffem Garn vernäht – und der Deutung bedürftig? Man darf das Publikum nicht unterschätzen. »Es gibt aber zwei Arten des Ästhetisierens: Die eine ist Wahrheitssuche durch Phantasie und Einfühlung, also Interpretation des Geschehens, die zum Nachdenken reizt, die andere, die Verkitschung, ist eine problemvermeidende Anbiederung an die vermeintliche Beschränktheit des Publikums.«• Aber was ist was?

•

»A Borders, like race, is a cruel fiction«, zitierte ich in der Ankündigung dieser Vorlesung eine Zeile aus einem Gedicht von Wendy Trevino. Auf dieses Gedicht und seine Autorin möchte ich nun endlich genauer eingehen. Wendy Trevino wuchs auf im Süden von Texas, lebt heute in San Francisco. Die Biobibliografie, die ich der hinteren Umschlagklappe

• Ruth Klüger: Missbrauch der Erinnerung: KZ-Kitsch, in: Gelesene Wirklichkeit. Fakten und Fiktionen in der Literatur. Göttingen 2006. Seite 7f. Seite 61.

ihres Buches »Cruel Fiction« entnehme, endet mit dem Satz: »Wendy is not an experimental writer.« Das ist interessant. Ich nehme an, dieser Hinweis wendet sich gegen den impliziten Vorwurf, dass im experimentellen Schreiben die Form den Inhalt zu Unrecht dominiere.• Und dass es sich, im Gegensatz dazu, bei den Texten von Wendy Trevino, um eminent politische Texte handele, wo die Diktion im Dienste der Realität und der berechtigten Kritik an ihr steht. Und ja, es sind politische Texte, und sie gehören zu den interessantesten und beunruhigendsten, die ich in der letzten Zeit gelesen habe, selbst da, oder gerade dort, wo ich nicht mit allem einverstanden bin.

Inwiefern? Es gibt darin eine Selbstreflexion der Autorin, genauso wie die Reflexion der Rolle der Dichtung, die nicht nur ein Kreisen um sich selbst ist. Das Selbst ist kein unbeweglicher Fixpunkt, sondern bewegt sich in den Verhältnissen und mit ihnen. Anlässlich des *National Poetry Month* im April 2019 gab Wendy Trevino den Besuchern ihres Twitter-Accounts einige Aufgaben: »Schreib nur Gedichte, in denen romantische Liebe oder gewisse Privilegien [...] das hässliche Gefühl nicht auflösen, das sich angesichts einer extrem ungerechten Welt einstellt.« Und: »Schreib ein Gedicht, in dem deine Gefühle nicht als das Wichtigste dar-

• Über den Zusammenhang von experimentellem Schreiben und politischem Gedicht wurde vor einigen Jahren sehr intensiv nachgedacht. Ich kann hier auf das Timber-Projekt hinweisen, das 2012 auf Initiative von Ulf Stolterfoht stattfand, und an dem Urs Allemann, Franz Josef Czernin, Michael Donhauser, Oswald Egger, Barbara Köhler, Benedikt Ledebur, Steffen Popp, Ferdinand Schmatz, Ulf Stolterfoht, Peter Waterhouse, Uljana Wolf und ich teilnahmen. Die dort vorgestellten Diskussionsbeiträge sind immer noch im Netz zu finden.

gestellt werden. Schreib ein Gedicht, in dem du die tiefe Ungerechtigkeit der Welt bezeugst, das nicht von dir handelt. Schreib ein Gedicht, in dem du die tiefe Ungerechtigkeit der Welt bezeugst, das nicht von dir handelt und auch nicht von Dir handeln muss. Schreib ein Gedicht, worin die Selbstsorge als Teil eines gemeinsamen Kampfes, als kollektive Praxis dargestellt wird: Aufgabe für den (anti-)nationalen Monat der Dichtung [im Original:] (anti-)national poetry month challenge.«•

Dann: Was kann, was darf ich überhaupt benutzen? Was ist Thema, was ist Material in Bezug auf die Form, in Bezug auf Listen, Chroniken, Ablaufprotokolle nach der Erinnerung? Wie verändert sich die Realität, wenn ich sie hernehme als Material für ein Gedicht? Ich lese gesteigerte Momente des Protestes, die Befragung von grammatischen Handlungsagenten, Kritik an der Rolle von digitalen und traditionellen Medien. Was es heißt, sich mit Unbekannten zusammenzutun, statt ein emphatisches, homogenes Wir als Subjekt zu führen. Was die Nachrichten hergeben, wovon die Nachrichten umgeben sind. Und die Überzeugung, dass emanzipatorisches Schreiben und Denken eigentlich ein kollektives Projekt sein muss. Doch all diese Fragen, die wie metatextuelle Bedingungen klingen, werden textintern verhandelt. Hier ist das Gedicht, das in dem Zyklus »Brazilian is not a Race«, der dreißig amerikanische Sonette versammelt, an sechzehnter Stelle steht.••

• So zu finden Anfang April 2019 auf https://twitter.com/prolpo. Übersetzt und zusammengefasst von Monika Rinck.

•• Wendy Trevino: Cruel Fiction. Oakland 2018. Seite 90.

A border, like race, is a cruel fiction
Maintained by constant policing, violence
Always threatening a new map. It takes
Time, lots of people's time, to organize
The World this way. & violence. It takes more
Violence. Violence no one can confuse for
Anything but violence. So much violence
Changes relationships, births a people
They can reason with. These people are not
Us. They underestimate the violence.
It's been a while. We are who we are
To them, even when we don't know who we
Are to each other & culture is a
Record of us figuring that out.

Eine Grenze ist, wie Rasse, eine grausame Fiktion,
aufrechterhalten durch Überwachung, Gewalt,
eine neue Landkarte stets in Gefahr. Es braucht
Zeit, die Zeit vieler Leute, um die Welt auf diese Weise
zu organisieren. & Gewalt. Es braucht mehr
Gewalt. Gewalt, die niemand mit etwas anderem
als Gewalt verwechseln kann. So viel Gewalt
verändert Beziehungen, bringt ein Volk hervor
mit dem sich reden lässt. Diese Leute sind nicht
Wir. Sie unterschätzen die Gewalt.
Das geht schon eine Weile. Wir sind, was wir
Für sie sind, selbst, wo wir nicht wissen wer wir
für einander sind & Kultur ist der
Sachstand unserer Überlegungen.

»culture is a / Record of us figuring that out.« Hm. An der Übersetzung des letzten Verses saß ich eine ganze Weile.• Und bin noch immer nicht sicher, für welche Variante von »Record of us figuring that out.« ich mich entscheiden soll. *Record* ist hier das Problem; es ist Aufzeichnung, der Realität abgelauscht, Sachverhalt, Prozessmaterial, es ist aber auch eine Akte, ein Dokument, etwas das gefertigt ist, nicht allein ein Modus von Erkenntnis, sondern vielleicht auch die Zeit, die es braucht, sich über etwas klarzuwerden. »Sachstand unserer Überlegungen« ist eigentlich zu statisch formuliert. Und wer spricht? Ist das die vorgeführte Rede der Befürworter einer grausamen Fiktion, oder bereits die Kritik an ihr?

Der Zyklus eröffnet mit einem Gedicht zu Elizabeth Bishop, das in Verbindung steht mit den Vorwürfen, die ihr angesichts der Neuausgabe ihres Textes »Brazil« aus dem Jahr 1962 gemacht worden sind.•• Doch die Dichterin Bishop gibt hier nur das Beispiel für ein Gedicht, das darauf verweist, dass Ablehnung viel komplizierter ist als Begeisterung, Hass ebenso mehrdeutig wie Liebe, dass Kritik eine Sache meistens nicht vereinfacht, dass im Nachtrag neue Zusammenhänge auftreten und ein anderes Denken fordern.

• & Kultur ist / unsere Art, das herauszufinden. *Oder etwas umständlicher, aber vielleicht präziser* & Kultur ist die / Summe unserer Bemühungen, das herauszufinden. *Oder* (*recht unschön*) & Kultur ist ein / Dokument (Zeugnis) worin wir uns dies klarmachen.

•• Es gibt zu diesem Zusammenhang einen Text von Angus Cleghorn, dem Herausgeber des Bishop-Bulletins: https://www.berfrois.com/2011/09/angus-cleghorn-elizabeth-bishops-brazil/ und einen Artikel im New Yorker aus dem Jahr 2012 von Benjamin Moser, der eine Clarice Lispector Biografie geschrieben hat. https://www.newyorker.com/books/page-turner/elizabeth-bishops-misunderstood-brazil

Dass es keine Versöhnung gibt, wo unklar ist, wer schuld ist, aber klar, wer angreift. »Why destroying what / Destroys you is more difficult than you / Expect every time: that complication.«[•] Es kann einem niemand die Entscheidung abnehmen, was man ernst nimmt oder lieber ausblendet, was einen Dichtung ablehnen lässt, was noch zu einem Werk gehört und was besser nicht. Und schon gar nicht diejenigen, die angegriffen oder an den Rand des Diskurses gedrängt werden.

Verletzungen können von Fiktionen ausgelöst werden, die Verletzungen selbst sind real. Hier geht es um mehr als um Positionen des radikalen Konstruktivismus. Was ist das Grausame an der Fiktion? Grausam ist, wie gut sie funktioniert und wie viel Unterstützer und Unterstützerinnen sie findet, die ihre Realität nicht infrage stellen. Nehmen wir wieder die Grenze in den Blick. Man könnte diesen Gedanken abwehren, indem man dagegensetzt: Sie ist keine Fiktion. Sie ist gegeben. Aber dass sie nicht unverändert gegeben ist, das muss derjenige doch in Betracht ziehen. Schauen Sie sich eine Karte des afrikanischen Kontinents von 1880 an und halten Sie eine Karte von 1914 daneben. Sie werden sich wundern.[••] Fünf Mal so lange sind die Grenzmauern im Jahr 2018, im Vergleich zum Jahr 1987, in dem es hieß *Tear down this wall.* Das sagt auch etwas über Schwäche und Verteidigungsbedarf von veräußerten Identitäten aus. »We are who we are / To them, even when we don't know who we / Are to each other.«[•••] Jedes Land ist ein Grenzland – so gesehen.

• Wendy Trevino: Cruel Fiction. Oakland 2018. Seite 75.
•• H. L. Wesseling: Divide and Rule. The Partition of Africa, 1880–1914. Übersetzt von Arnold J. Pomerans. London 1996.
••• Wendy Trevino: Cruel Fiction. Oakland 2018. Seite 90.

Und das Selbst wird nicht mehr als Gabe des anderen betrachtet, sondern als eben die Verstockung, die sich einstellt, wenn ich mich gegen den Anderen zu verteidigen habe, als Angestellte meiner Angst.

Auf der Brücke über dem munteren Flüsschen standen klobige Männer, auf deren T-Shirts suprematistische Treueschwüre auf die USA gedruckt waren, mit ihrem letzten Tropfen Blut schworen sie, das Land zu verteidigen, in Truckee, der nachgebauten Westernstadt mit ihrer komplett unintuitiven Verkehrsführung, die uns durch einen Tunnel in die Weite eines Industriegebiets spuckte, der böse Blick der Kellnerin, Ölgemälde an der Wand des Gangs, der zu den Toiletten führte, zeigten den Tod, wie er mit einem Snowmobil den Hang herunterrast, Halloween kam, oder war schon da? Kurz darauf: Marysville, eine ausgeleerte Stadt, von der nur noch die Hülle steht, das übersichtliche, aber sinnlose Raster ihrer Straßen, ihr großes halb verrottetes Theater, das nun seitlich einen Squadverleih beherbergt, davor ein Stillleben aus Bikern und Drogenabhängigen, gegenüber ein majestätisches komplett versiegeltes Hotel, *from treasure to tarnish*, 1926 eröffnet und jetzt lange geschlossen, und am Ende der Main Street ein verlassener chinesischer Tempel neben einer Saloon-Attrappe. Wir hatten den Neubau der Stadtbücherei passiert, bevor wir auf das viktorianische Gebäude stießen, das sie einmal beherbergt hatte, kurz vor dem Verfall, da wäre ich gerne nochmal zurückgegangen, um die neue Bibliothek zu besuchen, um nach dem Umzug zu fragen, um zu sehen, wie es jetzt ist, habe das aber leider nicht gesagt, also gingen wir weiter, zum Auto. Ich hatte mir nicht klargemacht, dass ich niemals wieder zurückkehren würde. Darüber wehten immer aggressiver wirkende amerikanische Fahnen.

»It takes more violence.« Mehr Gewalt. Gewalt, die niemand als etwas anderes als Gewalt begreifen oder gebrauchen kann. Sie ist unverwechselbar. Ich muss an die Überraschung denken, die sich oft einstellt, wenn Leute aus anderen Sprachen lernen, dass es im Deutschen nur ein Wort gibt für Gewalt und Staatsgewalt oder auch: die Gewalt, die vom Volke ausgeht, und die Gewalt, die von den Besuchern eines enthemmten Volksfestes ausgeht – und dass das Phänomen in beiden Fällen schlicht Gewalt heißt. »Auf der einen Seite bedeutet der Begriff – der französischen und englischen ›violence‹ entsprechend – die zum Zweck des Zwangs oder der Verletzung gebrauchte – physische Kraft. Auf der anderen Seite bezeichnet er die Legitimität und Autorität staatlicher Institutionen, namentlich die ›drei Gewalten‹ – Legislative, Exekutive, Judikative. Er wird gleichermaßen zur Bezeichnung physischen Zwangs wie der Berechtigung von Herrschaft gebraucht.«• Hier wohnt natürlich eine tüchtige Ambivalenz, die Anlass zu vielen verschiedenen, auch philosophischen Betrachtungen gibt.

In dem vorliegenden Gedicht wiederholt sich die Gewalt. Niemand spricht darin von »Power«, obwohl das Wort zur Verfügung stünde. Sie ist und bleibt Gewalt. Sie ist weder fiktiv noch fiktional. Sie durchdringt jeden Euphemismus, wie den, der im Begriff der *Border Security* steckt. Genauso wie den, der sich im Begriff des Grenzschutzes verbirgt. Es wird nicht leichter werden. Sie kennen die verstörenden Bilder, vor deren Aufruf dünnhäutige User auf entsprechenden Nachrichtenplattformen gewarnt werden – oder Sie wissen zumindest, dass sie da sind, dass es sie gibt, weil

• Lorenz Wilkens: Nähe und Gewalt. Beitrag zum Dichterabend 2015. Haus für Poesie.

Menschen umkommen, beim Versuch, die europäischen Außengrenzen zu überwinden, oder rechtlos in dem Folterland Libyen festgehalten werden. Das lässt sich alles umgehen, gedanklich, und geografisch sowieso. Aber was ist der Preis der Verdrängung? Ein Ende ist nicht abzusehen und wenn man den zivileren unter den Expertinnen und Experten Glauben schenken darf, werden die klimatischen Veränderungen nicht dazu beitragen, die Fluchtursachen zu verringern.

Ich las die Gedichte von Wendy Trevino in Los Angeles, in der Villa Aurora, die den Feuchtwangers gehört hatte, in Pacific Palisades, während das benachbarte Malibu brannte. Es hatte seit sieben Monaten nicht mehr geregnet. Ich lernte sehr viel während der Lektüre, bestellte indes weitere Bücher, schaute, was sich schon im Haus befand, dachte an die Emigranten, die Emigrantinnen, an die Feuchtwangers, an die Beschreibungen der Schwierigkeiten, was die Aufrechterhaltung der literarischen Arbeit in einem fremden Land betrifft, dachte an Ramy Al-Asheq und wie wichtig solche Initiativen wie Weiterschreiben sind. Und streifte später mit meinem Zettel durch die Gänge der *Los Angeles Public Library*, die sieben Jahre nachdem sie am 29. April 1986 abgebrannt war, wieder eröffnet wurde, mit überglücklichen Bibliothekaren und einem großen Fest der geduldigen Leute.

In den Gedichten von Wendy Trevino waren es gerade die Lücken, die mich unterrichteten. Die mehrdeutigen Verweise, die Namen, die ich nicht kannte, jüngste Geschichte und fremde Geschichten, die mir nichts sagten, Stichworte, die mir dunkel blieben, aber dennoch deutlich als Stichworte zu erkennen waren, Namen von Politikern, Theoretikern,

Popstars, historischen Ereignissen, Gesetzen und Gerichtsprozessen – und ich schlug alles nach oder gab es ein ins Netz. Die Welt vergrößerte sich immens. Nach einem ruhigen Nachmittag auf einem unbequemen Sofa hatte ich mir ein neues Netz geknüpft. Ein reelles Netz, das mit dem Ort in Verbindung stand, an dem ich mich befand, und mit der Zeit, in der ich lebe. Dass ich dazu in der Lage war, war Sache dieses Buches und seiner Gedichte. Das soll nicht nahelegen, dass die Gedichte zuvor unvollständig gewesen wären, nein, ich bin es, die unvollständig ist. Und dann legte ich mich schlafen, denn Georg Christoph Lichtenberg hatte gesagt, dass ich das nun darf.

»Man sollte sich nicht schlafen legen, ohne sagen zu können, dass man an dem Tage etwas gelernt hätte«, so Lichtenberg, und weiter: »Ich verstehe darunter nicht etwa ein Wort, das man vorher noch nicht gewusst hat; so etwas ist nichts; will es jemand tun, ich habe nichts dagegen; allenfalls kurz vor dem Lichtauslöschen. Nein, was ich unter dem Lernen verstehe, ist Fortrücken der Grenzen unserer wissenschaftlichen oder sonst nützlichen Erkenntnis; Verbesserung eines Irrtums, in dem wir uns lange befunden haben; Gewissheit in manchen Dingen, worüber wir lange ungewiss waren; deutliche Begriffe von dem, was uns undeutlich war; Erkenntnis von Wahrheiten, die sich sehr weit erstrecken usw. Was dieses Bestreben nützlich macht, ist, dass man die Sache nicht flüchtig vor dem Lichtausblasen abtun kann, sondern dass die Beschäftigungen des ganzen Tages dahin abzwecken müssen.«•

• Georg Christoph Lichtenberg: Schriften und Briefe. Zweiter Band. Sudelbücher II, Materialhefte, Tagebücher, hg. von Wolfgang Promies. München 1975. Seite 452.

So weit, so gut. Doch was soll ich nun damit anfangen, wenn es am Ende einer durchaus lobenden Besprechung des Buches »Cruel Fiction« heißt: »Trevino schreibt mit dem Feuer eines Bertolt Brechts […]. Ihr frischer, untraditioneller Zugang zur Dichtung ist sehr zu begrüßen in einer Welt, die – in eben diesem Moment – mehr braucht als einfach nur Gedichte.«• Was soll das sein: *More than just poetry?* Ist es richtig, wenn die Kritik eines Lyrikbandes einfordert, was ein Lyrikband nicht ist? Nun ja, sagen kann jeder. Dass es dieses Desiderat gibt, wäre mir (oder ihm, dem Rezensenten) vielleicht nicht so dringlich aufgegangen, wenn ich (oder er) einen anderen Lyrikband gelesen hätte. Denn in dem vorliegenden Band findet sich auch ein fünfstrophiges Gedicht mit dem Titel: »5 out of 13 Ways of Looking at Poetry Not Being Enough«.•• Die Versprechen der Kunst treffen darin auf die Versprechen des Bürgerkriegs, auf Terroranschläge und Kriege, die Unverhältnismäßigkeit, die zwischen falschen ästhetischen Entscheidungen und Wassermangel oder Hunger besteht. Es geht um Fragen der Vergleichbarkeit. Das Gedicht ist getragen von einer ruhigen Stimme, scheint mir, obwohl darin Unvergleichbares zusammenkommt. Es bleibt schwierig, aber noch ist das kein Grund, den Verstand zu verlieren, im Gegenteil.

Die acht anderen Perspektiven auf Dichtung als unzureichend werden zwar implizit aufgezählt, kommen aber gar nicht vor. »Your love [für ein Gemälde] won't change what a painting / Is, which is someone's time spent work-

• Nikolai Garcia: Cruel Fiction. Hier zu finden: https://drylandla.org/book-reviews/f/cruel-fiction-by-wendy-trevino

•• Wendy Trevino: Cruel Fiction. Oakland 2018. Seite 28.

ing for someone else.«* Deine Liebe zu einem Gemälde hat keinen Einfluss darauf, was ein Gemälde ist: für jemand anderes verbrachte Arbeitszeit. So ist es, wenn Geld in das Geschehen tritt. Ist das gut oder schlecht? Gut, würde ich sagen. Ist das Kunstwerk wirklich nichts als die Zeitspanne, in der jemand für jemand anderen arbeitet? Moment, das ist ja nicht seine eigentliche Definition, sondern einer von fünf genannten Gründen, weswegen Gedichte oder Kunstwerke im Allgemeinen nicht genug sind. Wäre es ohne das Element Geld etwas anderes? Ja und Nein. Es ist eine Art der Vervielfältigung der inneren Vermögen, selbst wenn es niemand anderen gibt, und die Arbeit, der Text, das Gemälde keinen Menschen interessieren sollten. Aber die Frage des Geldes, die hier eine des Lebens ist, nämlich von der Kunst zu leben, radikalisiert die Lage. Dass man davon leben können will, ist ein berechtigter Wunsch all jener, die ihre Lebenszeit der Kunst überantworten. Der Wunsch ist berechtigt, aber es gibt kein Recht auf Wunscherfüllung, das ist klar.

Muss sich ein Gedicht, je radikaler es ist, umso eher vorwerfen lassen, nur ein Gedicht zu sein? Nichts als das? Anne Boyer berichtet in ihrem jüngsten Essayband von einem Aufenthalt im hitzestarren Los Angeles und der besonderen Beziehung, die in dieser Stadt zwischen Krankheit und Kapitalismus besteht, wo bereits eine schwere Erkrankung in Kombination mit einer nicht ausreichenden oder gar nicht abgeschlossenen Krankenversicherung aufgrund der hohen Mieten auf kürzestem Weg in die Obdachlosigkeit führen kann.

Sie beschreibt ein Missgeschick: Der Raum, in der *East LA's Church of the Epiphany*, in dem die Lesung von Anne Boyer

* Wendy Trevino: Cruel Fiction. Oakland 2018. Seite 29.

und Fred Moten stattfinden sollte, war doppelt vergeben worden. Einmal an *The Burrito Project*, ein zweites Mal an *The Poetics Research Bureau*. »The Burrito Project met to roll Burritos for the hungry. The poetry reading fed no one. No, I'd whisper to whoever would come in. No, I'd say, it's been moved, check the Facebook page, I'd say, *I'm so sorry.*«[•]

Und weiter, zwei Seiten später: »I suppose it's an old point and one I'm often learning, the mixed quality of our existing, the way one thing can never be everything – Bernadette Mayer's: ›This planet should be sent to a lunatic asylum / But it's not poetry's fault / For being so concerned / With love beauty sex and ideas‹.«[••] Es gibt immer wieder etwas zu lernen, über die Mischbedingungen unserer Existenz, in der eine Sache nie alle Sachen wird sein können. Dieser Planet, schrieb die Dichterin Bernadette Mayer, gehöre in eine Irrenanstalt – aber das Interesse der Dichtung an Liebe, Schönheit, Sex und Ideen sei nicht schuld daran, genauso wenig wie die Dichtung sich schuldig mache durch ihr Interesse an Liebe, Schönheit, Sex und Ideen. Hm. Wer weiß. Umso schlimmer für die Wirklichkeit, ohne die es all dies nicht gebe. Das weggezogene Tuch, der ewige Sturz, die Auflösung, der Staub, den niemand mehr sieht.

• Anne Boyer: Please Stand Still The Doors Are Closing, in: A Handbook of Disappointed Fate. New York 2018. Seite 158. »Das Burrito Projekt traf sich, um Burritos für die Hungrigen zu rollen. Die Lyriklesung speiste niemanden. Nein, wisperte ich denen zu, die hereinkommen wollten. Nein, sagte ich, das ist woanders, schaut auf der Facebook-Seite nach, sagte ich, *es tut mir so leid.*«.

•• Anne Boyer: Please Stand Still The Doors Are Closing, in: A Handbook of Disappointed Fate. New York 2018. Seite 159.

Die Theorie des schlechtesten Werkzeugs fragt vorsichtig nach: Kann man diese Qualitäten einfach so aufeinander knallen lassen?* Und das Geräusch, das man dabei hören kann, macht das klug? Was geschieht mit Literatur, die sich der Wirklichkeit stellt? (Was ist das denn für eine Frage?) Ich kann doch auch nicht sagen: Das Bild würde mir besser gefallen, wenn es etwas anderes zeigen würde. Dann wäre es schließlich einfach: ein anderes Bild. Auf dem Balkon dieses Bildes stehen zwei Personen und beobachten das Geschehen innerhalb des Grundstücks und das rege Kommen und Gehen außerhalb davon. Einige Leute, es sind ausschließlich feingliedrige junge Männer, haben ihre Kleidung abgelegt oder noch nie in ihrem Leben welche getragen. Vom Balkon aus sehe ich eine Koppel, auf der einige Alpakas, drei große und zwei kleine, beieinander stehen. Der Kühlschrank wurde sehr zuvorkommend gefüllt, jedoch ohne Berücksichtigung meines Geschmacks. Uniformierte sind in ein intimes Gespräch vertieft. Nachdenklich blicken sie zu Boden, während sie einen Fuß voreinander setzen. Irgendwo spielt jemand Gitarre. Alle Drohnen bleiben an diesem Tag im Schuppen. Ein junger Mann führt ein gut gepflegtes Pferd in den Vordergrund des Bildes.

Ich möchte Ihnen noch ein Beispiel geben. Dieses Mal heißt das Gedicht »ÜBUNG« und es ist von Elke Erb. Es stammt aus dem Band »Sonanz«, der 2008 bei Urs Engeler Editor erschienen und leider inzwischen vergriffen ist.** Andere ihrer Bände sind über die Backlist von Urs Engeler nach

* Mehr zur Theorie des Schlechtesten Werkzeugs in: Ann Cotten, Daniel Falb, Hendrik Jackson, Steffen Popp, Monika Rinck: Helm aus Phlox. Berlin 2011. Insbesondere die Seiten 210 bis 252.

** Elke Erb: Sonanz. 5-Minuten-Notate. Basel/Weil am Rhein 2007. Seite 37.

wie vor zu beziehen, viele aus DDR-Zeiten allerdings nicht mehr. Dabei wäre daran so viel zu sehen, so enorm viel zu lernen. Dass es keine vollständige Gesamtausgabe der Werke von Elke Erb gibt, ist ein Skandal. Man kann es nicht oft genug sagen. Das hat auch mit Grenzen zu tun, der Begrenztheit der großen bundesdeutschen Verlage, und nicht zuletzt der deutsch-deutschen Grenze. Was kaum mehr greifbar ist: Elke Erbs enormes essayistisches Langgedicht »Winkelzüge« zum Beispiel, ihr Buch »Kastanienallee«, das eigentlich eine poetische Forschungsarbeit ist, ihre Übersetzungen, die unter dem Segel »Russische Lyrik für Kinder« Gedichte von Dissidenten ins Deutsche schmuggelten. Nun aber: zur Übung.

ÜBUNG

Windig.

Wie komme ich dazu, aus etwas
(etwas ›Gegebenem‹, wie man sagt, immer noch)
Worte zu machen?

Windig. Und kühl.

Ob der Wind die Bäume trainiert?
Nein, bei ihnen ist alles fertig vorm Wind.
Es nehmen oft auch Personen kein Training auf,
weil sie meinen, in vielem zurecht, gefertigt zu sein.

Wo denkst du hin. Von dir nach San Francisco?
So wurde es denn. Wurde zu San Francisco
Bitterlich. Schwer. Mit eisernen Bändern
beschlagene Karrenräder. Knarrend

vom Ostrand zum Westrand.
Aus leicht oder nicht leicht ersichtlichen Gründen
denke ich an die Landnahme der europäischen Auswanderer.
Als ob es sich hinter den Brauen bewölkt mir.

»ÜBUNG«, heißt das Gedicht. Was wird geübt? Und wofür? Wenn Übung über einem Klavierstück steht, ist klar: An diesem Stück sollen Klavierschüler und -schülerinnen sich üben. Üben, es zu spielen und mit den so gewonnenen Fertigkeiten dann andere fortgeschrittenere Schwierigkeiten angehen. Doch was bedeutet es, wenn Übung der Titel eines Gedichts ist? Eine Übung geht von einem Zustand des Unfertigen aus. Übung meint auch, es ist noch nicht ernst. Dieser Feueralarm ist nur eine Übung. Windig, wiederholt es, windig. Und kühl. Doch dazwischen finden sich drei kursiv gesetzte Zeilen, in deren Mitte ein eingeklammerter Vers steht. Es ist wohl eine Selbstbefragung: zum Verhältnis des Gegebenen und der gemachten Worte. Aber auch die Worte sind gegeben, das ganze Lexikon sowie die Grammatik, jedoch noch nicht zum Satz arrangiert. Die Transformation, das Hinzutreten der sprachlichen Bedeutung, ein neues Arrangement, in dem die Gedanken gleichauf mit den genannten Gegenständen stehen – macht das auch das Gegebene neu, wenn es sich mit neuen Worten beschrieben findet?

Jedes Wort ist gesetzt. Es gibt keine auf eine kristalline Prämisse zu reduzierende Geschichte, nein, die ganze Sache ist gleich aus nichts anderem als Prämissen gebaut. Sie ist höchst konzentriert, man kann daraus nichts mehr extrahieren oder sprachlich aufwerten, man kann das Gedicht aufsagen, aber nicht referieren. Es ist bereits das Extrakt. Ah, ist es jetzt schon wieder so, als müssten wir uns allein von Gewürzen ernähren? Nein, ich glaube diesmal nicht.

Windig. Es tritt mir eine Energie entgegen, oder einfach nur eine windige Beweisführung? Etwas, das keinem Willen unterliegt … Ja, der Wind weht, wo er will, das ist bekannt, das hat er mit allen Elementargeistern gemein, doch keiner davon agiert so willkürlich, absichtlich-unabsichtlich und frei wie er. Windig. Und kühl. Diese Formel kennt man aus dem Wetterbericht. Das ist das Draußen. Wind ist gegeben. Wetter ist gegeben. Temperaturen sind gegeben. Dies vorausgesetzt erscheint es so, als würde das Gedicht mit dem ersten Vierzeiler von Neuem beginnen. Man kann Worte machen, man kann aber auch Wind machen und wird dann gebeten: Mach hier bitte keinen solchen Wind. Die Intention des Windes könnte auch sein: die Bäume zu trainieren. Ja, ich hab das Bild parat, es passt sich meiner Vorstellung auf ideale Weise ein. Ich sehe die Bäume im Wind stehen und wedeln, ich sehe die Energie und ihre Verschwendung. Was hat es mit dem Sprachwechsel auf sich: zwischen Übung und Training? Im Deutschen erwartet man das Training im Bereich des Sports, die Übung scheint eher geistiger Natur zu sein. Dass der Wind etwas trainieren könnte, zeigt sich erst, wenn ihm etwas im Weg steht. Doch das Gedicht informiert uns: Es wird nicht trainiert. »Nein, bei ihnen ist alles fertig vorm Wind.«

»Wo denkst du hin. Von dir nach San Francisco?« – Das ist ein weiter Weg. Schon bin ich als Leserin in einer anderen Gegend, mühelos, mit der Überschallgeschwindigkeit meiner Gedanken. Dort denke ich hin. Rosmarie Waldrop, Dichterin und Übersetzerin, bemerkt Folgendes über die Formulierung »wo denken Sie hin«: »Ich liebe die Bündelung, Ausrichtung [directionality] in dieser Redensart. Wohin, zu welchem Ende, führen Sie Ihre Gedanken? Faden des Gedankens, ein Faden durch das Labyrinth der Worte, der buchstäbliche Faden, der durch das Buch gegangen ist – und geht. But, in art, he who takes but one step, / in any direction, is already lost.«•

»Doch wer in der Kunst nur einen Schritt, wohin / auch immer, unternimmt, hat sich schon verirrt« – oder ist er schon verloren? Damit ist wieder eine Grenze erreicht. »Wurde zu San Francisco.« Die wie der Wind so freie Fahrt des Gedankens endet am Pazifik, mit der Besiedelung der Ränder, und ruft den *Frontier Mythos* ins Gedächtnis, die Vertreibung der indigenen Bevölkerung (der *First Nation*, wie man sie in Kanada nennt), die sich zwischen 1620 und 1890 zwischen den beiden Ozeanen vollzog. Es ging viel schneller als gedacht. So weit war das Land dann doch nicht. »Die US-amerikanische Geschichte ist geprägt durch ein stetiges Fortschreiten der Besiedlungsgrenze nach Westen, die mit dem Begriff frontier belegt und damit mythisch aufgeladen wird. […] Sie ist der Punkt, wo Wildnis und Zivilisation aufeinanderstoßen.«•• Sie ist natürlich auch von Grund auf kolonialistisch, aus leicht oder nicht leicht ersichtlichen Gründen. »Die Romantik des Grenzlandes steht in den Bergen und Wäldern des Pazifischen Nordwestens hoch im Kurs. Für Weiße ist es nicht außergewöhnlich, die amerikanischen Ureinwohner zu glorifizieren und sich zugleich mit den Siedlern zu identifizieren, die ihre Auslöschung

• Rosmarie Waldrop: The Ground Is the Only Figure, in: Dissonance (if you are interested). Tuscaloosa, Alabama Press 2005. Seite 248.

•• Ralf Konersmann (Hg.): Wörterbuch der philosophischen Metaphern. Grenze. Darmstadt 2007. Seite 135. Zitiert nach Marianne Gronemeyer: Die Grenze. Was uns verbindet, indem es trennt. Nachdenken über ein Paradox der Moderne. München 2018. Seite 13.

betrieben haben. Unabhängigkeit, robuster Individualismus und die ästhetische Wirkung weißer Männlichkeit stellen Momente des Stolzes dar.«• Oder mit Vergnügen an der Marginalisierung, randständig, wie die Hippie- und Künstler-Communities von Topanga Beach und Topanga Canyon, die inzwischen der Immobilienspekulation und anderen dubiosen Agenten zum Opfer gefallen sind. »Wo denkst Du hin?« Der Gedanke kommt an eine Grenze. Kulturen gehen zugrunde.

Als wir zurückgekehrt waren, stellte sich heraus, dass ich auf unserer abendlichen Fahrt mit dem tapferen blauen Nissan durch Topanga Canyon den einzigen Schlüssel, den wir besaßen, verloren hatte. Für den Augenblick war dies zwar beunruhigend, aber nicht weiter schlimm, da wir durch ein offenstehendes Gartenfenster in unsere Zimmer hineinsteigen konnten. Wir würden am nächsten Tag nach dem Schlüssel suchen. Was für eine Freude es war, den Schlüssel wiederzufinden, der am Ort unseres zweiten Stopps von freundlichen Straßenbauern an einen Zaun gehängt worden war! Hüpfende Umarmungen, die Fremde wurde eine so umsichtige und freundliche Umgebung, auch wenn man nur noch Trümmer sah von der Kultur, die es dort einmal gegeben haben muss, und der Mann mit dem seltsamen Hut, genau, der Mann mit dem seltsamen Hut.

Kommen wir zum letzten Vers des Gedichts. »Als ob es sich hinter den Brauen bewölkt mir.« Diese Bewölkung – ist das die geschichtliche Wirklichkeit? Das nachgestellte »mir«

• Anna Lowenhaupt Tsing: Der Pilz am Ende der Welt. Über das Leben in den Ruinen des Kapitalismus. Übersetzt von Dirk Höfer. Berlin 2018. Seite 120.

durchläuft eine persönliche oder unpersönliche Strecke und weist darauf hin, dass es eine Beteiligung des Subjekts braucht, wenn es sich hinter den Brauen bewölken soll. Das ist nicht einfach nur Wetter. Folgt die Bewölkung dem Gedanken? Oder fühlt sich der Gedanke so an? Es gibt mehrere Möglichkeiten, diesen Vergleich, der die letzte Zeile des Gedichts füllt, dem gedanklichen Geschehen zuzuordnen. Das Licht lässt nach, der Himmel ist sichtbar gedeckelt. Formationen, die mit Schimären locken, dunkeln nach. Was immer sich dort hineinlesen lässt, ist vor allem Passage. Es sind momentane, instantane, wandelbare, wolkige Gebilde, Fiktion per se, die zurückgeht bis zu Aristophanes. Wolken verkörperten die wechselhafte manipulative Kraft der Sprache, die Realität eher floskelhaft zu vernebeln als zu repräsentieren.

So sind sie eben, die Wolken, doch das Gedicht selbst ist eine Übung in Realismus, aus etwas Gegebenem »immer noch« Worte zu machen. Worauf bezieht sich diese Zeitangabe: immer noch? Auf die Zeit, in der es nichts Neues mehr gibt? Was machten die Europäer aus dem Gegebenen? Sie nannten es die Neue Welt und vertrieben von ihr die indigene Bevölkerung. Ist es dies? Die Distanzen, die Ausdehnung sind nicht mehr unschuldig ohne Landnahme und Vertreibung zu denken, aus leicht oder nicht leicht ersichtlichen Gründen. Wo die Mühe der einen nicht einmal das Glück der anderen ist, im Gegenteil.

Die Bewölkung im Gedicht, das ist gleichsam eine Stelle in seiner Entstehung, eine Ich-Stelle, wie Barbara Köhler formuliert, und diese Stelle ist aber keine Stelle im unwirklichen, phantasmatischen Raum, sondern sie ist echt. Sie ist gegeben, sprachlich – und steht ebenbürtig neben dem Gegebenen. »Poiesis, Poesie, poetry also als Grundgeste des

Herstellens – das mit dem *Her* auch ein *Hier* impliziert, eine Ich-Stelle, ein sprechendes Bewusstsein im Raum. Maschinen stellen nichts her, sie produzieren. Poiesis, Poesie, poetry: das ist, was Menschen schaffen können – ein Herstellen von Sprachsachen, die über Sachlichkeit und Sächlichkeit hinaus tatsächlich Verbindungen herzustellen vermögen und Bewegungsmöglichkeiten schaffen – wo und wenn sie *angenommen* werden: konjunktive Räume, in denen Einzelne und viele einander begegnen – können.«•

Es geht nicht zuletzt um das Offenhalten der Räume. Zwar organisieren Gedichte den Leerraum auf der Seite, aber können sie ihn auch verteidigen? Als sei der weiße Raum das Schweigen, die Weigerung, die Negation – leicht gesagt: »that space is what cannot be said.«•• Wird das alles nicht täglich unverhältnismäßiger? Im Maßstab der Wirklichkeit, und zwar der nicht käuflichen und unbezahlbaren Wirklichkeit, jenseits der Tricks des Konsums. Wenn ich immer weiter geradeaus fahre, schlafe ich irgendwann hinter dem Steuer ein und verunglücke. Das Unglück ist logisch und eher überrascht sein Ausbleiben als sein Eintreten.

War es denn recht, 60.000 Obdachlose an den Anfang dieser Vorlesung zu setzen? Und eine brennende Bibliothek? Habe ich das Elend verwendet, ohne den Elenden etwas abzugeben. Aber es ging doch um den öffentlichen Raum, um die Realität genauso wie um fiktive Räume, und darum, dass Kapitalismus allein nicht in der Lage ist, eine Stadt

• Barbara Köhler: POESIE.PREIS, in: Neufundland. Wien 2012. Seite 228.

•• Susan Howe im Gespräch mit Cole Swensen, zitiert nach Donna Stonecipher: Prose Poetry and the City. Anderson, South Carolina 2018. Seite 27.

zu schaffen, in der Menschen leben können. San Francisco sei in dieser Hinsicht im Übrigen noch trostloser als Los Angeles, wurde mir berichtet. Leichen und Mieten ergeben ein neues Paar, da, wo die fleißige Arbeit an der Künstlichen Intelligenz weiter geht, die in den nächsten zehn Jahren 1,8 Milliarden Arbeitsplätze dahinfegen wird, oder mehr. Hier überbieten sich die Zahlen wie von alleine. Wenn der Versuch, den Menschen unbegrenzt durch den Robot zu ersetzen, den Menschen nicht befreit, dann bleibt immer noch die Frage: Wo wohnt der Robot? Welche Bauform der Städte wird von seinen Bedürfnissen begünstigt? Hat er überhaupt Bedürfnisse, der Robot? Und was ist mit den anderen, den Menschen? Werden sie wirklich meditieren, werden sie in sich gehen und Atemübungen machen? Und wenn ja, wo werden sie das tun? Werden Sie wieder Bibliotheken aufsuchen? Vielen Menschen hat das Internet die Stadtbücherei ersetzt, sie müssen das Haus nicht mehr verlassen. Aber viele, die gezwungen wurden, ihr Haus zu verlassen, finden das Internet nur noch in der Stadtbücherei.

•

»Was bedeutet es, *über* Leute zu schreiben?«, fragt Enis Maci in ihrem Essay »Der Literatur ihr Theremin«, und weiter: »Was bedeutet es, *für* Leute zu schreiben? Kann man *über* Leute schreiben, ohne es auch *für* sie zu tun? Kann man *für* Leute schreiben, ohne *über* sie zu sprechen? Ist eine inhaltliche Leere schon ein Verrat an der Sache? Und was ist die Sache? / Ich fordere: Sanktionen für alle, die das Erzählen zum Dogma erheben und es so verraten.«[•] Die Rasanz der

• Enis Maci: Der Literatur ihr Theremin, in: Eiscafé Europa. Frankfurt am Main 2018. Seite 151.

gut erzählten Story ist oft nicht sehr realistisch. Unfällen im echten Leben schließt sich häufig eine längere Pause an. Tick. Tick. Tick. Tick ist nichts, Tick-Tack ist eine Geschichte, *it's the shortest story*. Weisheit für Dumme. Ich wiederhole: *Disrupt the Script.* Doch was ist mit Tack-Tick? Mit Taktik, meinen Sie? Nun, Taktik dient in erster Linie der Manipulation. »It's a powerful narrative. And it's completely wrong.«•

Vieles, was den Fortgang der Geschichte stören könnte, wird weggelassen, ausgeblendet, bewusst oder unbewusst. Anderes wird auserzählt, so dass keine Fragen mehr übrig bleiben. Aus dem Weggeblendeten baue ich einen schnellen Schuppen, in dem ich die Geräte lagere. Er befindet sich hinter dem Haupthaus. Die Vorannahmen, mit denen der *homo narrans* Umgang hat, sind ideologischer Natur. *Homo narrans*, ein kalifornischer Wissenschaftler, Walter Fisher nämlich, hat diesen Begriff geprägt. Ah, Kalifornien, Traumfabrik, Hollywood, Tinseltown etcetera, Zeitvertreib und Angstbewältigung. Bitte wenden Sie Ihre Aufmerksamkeit ein weiteres Mal dem Umschlag zu. Was machen diese Leute dort? Wird das Pferd wirklich verkauft? Was ist in dem Beutelchen? Warum sind diese Leute nackt? Sind sie freiwillig dort oder werden sie gehalten? Kann ich das so stehen lassen? Die böse Amme nahm im Märchen alle Glieder an sich, dann löschte sie das Licht. Dunkel waren die Fenster. Die Türen verrammelt. Zeitvertreib und Angstbewältigung können nicht alles sein. »Ganze Genres sind darauf spezialisiert, Schrecken, Grauen, Trostlosigkeit zu verbreiten.«••

• Jason Hickel: Bill Gates says poverty is decreasing. He couldn't be more wrong, in: The Guardian, am 29.1.2019.

•• Albrecht Koschorke: Wahrheit und Erfindung. Grundzüge einer allgemeinen Erzähltheorie. Frankfurt am Main 2012. Seite 11.

Das ist die Gute-Nacht-Geschichte, nach der kein Schlaf mehr möglich ist. Das gute Gedicht hielte an dieser Stelle eine leere Zeile bereit, in die ich mich ausstrecken könnte.

Lassen Sie mich kurz ausholen: Das Axiom der guten Geschichte erfüllt mich seit geraumer Zeit mit Skepsis, eigentlich schon seit meiner Pubertät. Warum? Schaut man sich an, was gemeinhin als gute Geschichte gilt, findet sich darin häufig mindestens eine der folgenden Strukturen: Perpetuierung des Opferzusammenhangs, Sinngebung durch Gewalt und ihre Effekte, insbesondere Gewalt gegen Frauen, als Quelle von Rache und Vergeltung, so dass die Handlung unter Männern zünftig weitergehen kann, eindeutige Feindbilder und heldische Charaktere, die der herrschenden privilegierten Gruppe zur Identifikation taugen, das sind nur einige der Punkte, weswegen ich in den 90er Jahren einen selbstgemachten Button mit der Aufschrift *Disrupt the Script* am Jackenkragen trug – den meine Freundinnen erfunden hatten. Bangemachen, Raunen und der Angst das Wort reden, um Schutzbefohlenen und anderen Leuten Grenzen zu setzen, bewusst, manchmal auch unbewusst, um jemandem die Schuld geben zu können, und sei es nur die Gedankenlosigkeit des Opfers, auch dies ergibt eine Form der Sinngebung. Hier übrigens, zur vorsichtigen Auflockerung aller Beteiligten, eine von kalifornischen Wissenschaftlern in jahrelanger Arbeit in massiven militärisch bewachten Serverburgen eruierte Liste der wirksamsten Fiktionen, die der Menschheit derzeit bekannt sind:

Der Nil / The Nile (*Denial is a River in Egypt*)
Die Nation
Die Grenze

Das Aufwecken, das Aufwachen
Die Mauer
Der Wunsch
Die Angst
Die Stimmung
Die Arbeit (*Hört, hört!*)
Das Geld (*Woss?*)
Los Angeles
Sämtliche Werke von Heinrich von Kleist
AI (Artificial Intelligence)
Die Institution
Die Öffentlichkeit
Angenommene Bekanntschaften
Die (Hypno)-Therapie
Der Schlag ins Gesicht
Die Tür
Die Erinnerung
Das Nichteingeworfene Kouvert
Wir und sie
Die Sprache (*!!!!!!*)

Dies alles sind wirksame Fiktionen. Wir können im Anschluss an diese Vorlesung gerne darüber sprechen. Zurück zur *Story*, und ihrem obligatorischen *Telling*. Die Idee einer garantiert erfolgversprechenden Dramaturgie, die meine Wahrnehmung als Geisel nimmt und mich bis zur letzten Seite keinen klaren Gedanken fassen lässt, wurde in der Filmindustrie prominent, wo so hohe Summen investiert werden, dass man sich im Voraus sicher sein muss, dass die Geschichte auch funktioniert. Wenn auf allen in die Sitze der Mitreisenden eingelassenen Bildschirmen während eines Langstreckenflugs die jüngsten Produkte der Filmindustrie flackern, wird mir die Flugzeugkabine zu einer fliegenden

Geisterbahn, in die ich zusammen mit einer Bande sedierter gewaltkonsumierender Zombies eingesperrt worden bin. Es flackert, es schießt, es hackt und es spritzt. *We are doomed*, denke ich dann und ziehe mir die zu diesem Zweck bereitgelegte Decke über den Kopf.

Hinzu kommt das amerikanische Vertrauen in die Praxis des *How-To* – um mit Erfolgen in Serie gehen zu können. Mache also einfach, leicht gesteigert, *more-of-the-same*, Stirb langsam III, Stirb langsam IV, Stirb langsam V, und die Überzeugung, dass sich all dies vermitteln, kalkulieren und nach bestimmten Mustern erlernen lasse. »Eigentlich ist es ganz einfach, wie Billy Wilder, einer der erfolgreichsten Regisseure des klassischen Hollywood, festhielt: ›Pack den Zuschauer an der Gurgel und lass ihn nicht mehr los.‹«• Ich will aber nicht an der Gurgel gepackt werden. Die minimierte Freiheit, die Kontrolle über die Affekte der Rezipienten, das Lob der Unausweichlichkeit ist von dort aus in viele ästhetische Diskurse eingesickert, selbstredend auch in das Verlagsmarketing, ja, ich schwöre Ihnen, das Buch war absolut *unputdownable*. Doch es wird komplizierter, wenn man sich verwickelt. Wie funktioniert das denn, mit der Verwicklung? Hm, ich bin ja der Ansicht, dass gerade das Phlegmatische, das Müde, das Sture und Störrische zur Verwicklung reizen. Es könnten Geschichten sein, die so komplex sind, dass sie sich nicht mehr alleine von außen erzählen lassen. Die Erzählinstanz ist gezwungen, über sich selbst Auskunft zu geben.

• So Lukas Bärfuss, am 19.1.2019, in seinem Essay »Hört auf mit Euren Geschichten«, in dem Schweizer Online-Magazin »Republik«.

Erinnern Sie sich, wie kompliziert das früher einmal war: »Ein System heißt komplex, wenn es nicht mehr nur von einem einzigen Standpunkt beschrieben wird, sondern von einer Vielheit von sich gegenseitig ergänzenden (komplementären) und sich gegenseitig ausschließenden (supplementären) Standpunkten, die miteinander vermittelt werden müssen. Jedem Standpunkt entspricht thematisch ein Kontext, genauer eine Kontextur. Die Vermittlung der Kontexturen ereignet sich als *Einbeziehung des beschreibenden Subjekts in die Beschreibung*.« Das ist klar, nicht wahr. »So gesehen ist Komplexität etwas, das sich nicht mehr verdinglichen oder objektivieren lässt, da jedes sich entfernende Subjekt die metaphysische Subjekt / Objekt-Dichotomie hypostasiert und damit Komplexität vereindeutigt, bzw. vernichtet. Denn Komplexität kann überhaupt nicht von außen beschrieben werden, da die Vermittlung von Innen und Außen ja gerade konstitutiv ist für sie. Eine Schreibweise kann demnach komplex genannt werden, wenn sie eine Vielfalt erzeugt, die sich nicht mehr auf einen Formbegriff reduzieren lässt, dadurch, dass die Schrift darin nicht mehr durch Herrschaftskategorien subordiniert, bzw. nach außen verwiesen wird, sondern selbst dieses Verhältnis umkehrt und verschiebt.«•

Es war eine Befreiung damit verbunden. Und ich spüre sie noch. So etwas möchte ich gerne lesen. Vielleicht möchte ich es sogar schreiben, doch auf eine Art und Weise, die zugänglich bleibt. Es gibt Pilzsporen in der Stratosphäre.•• Es kann sein, dass es Dinge darin braucht, die nicht planbar sind, die

• Eva Meyer: Zählen und Erzählen. Für eine Symbiotik des Weiblichen. Basel 2013. Seite 26f.

•• Anna Lowenhaupt Tsing: Der Pilz am Ende der Welt. Über das Leben in den Ruinen des Kapitalismus. Übersetzt von Dirk Höfer. Berlin 2018.

ich nicht vorbereiten oder erarbeiten kann. Also auf in die Antiplantage, es gibt keinen anderen Weg. Wie schnell man doch verloren ist. Einmal falsch abbiegen, zum dritten Mal die Geheimnummer falsch eingeben, keinen Empfang haben, sich umschauen, nur Bäume sehen, kein menschlicher Laut außer dem eigenen Schritt, das Knistern im Unterholz, die Dämmerung naht. Wobei: Die gebrochene Geschichte ist womöglich auch kein Garant für Entsprechung. Von Weitem wirkt es kaputt, doch stimmig ist es: Das bist doch du, du mein kaputt gehauenes Gedicht. Ich wusste nur, so wie früher konnt ich nicht mehr weiterschreiben. Also musste ich etwas anderes machen. Ich ließ ihm Platz, aber keine Zeit. Rasselnd rannte ich voraus und machte das Neue auf mich aufmerksam.

Ihr wollt, sagt der Mann im Trachtenkleid, der in diesem Moment rustikal durch das Unterholz bricht, ihr wollt also die mehrfach gebrochene Geschichte befördern? Die widersprüchliche Aussage? Die unhaltbaren Charaktere? Die undosierte Genauigkeit, die von einer plötzlichen Fahrigkeit davongeweht wird? Hm. Kommt mir der Mann im Trachtenkleid zu Hilfe, oder will er mich fertig machen? Wo befindet er sich? Ihr wollt das, singt der Hirsch im tiefen Wald, was bereits die Lyrik ungenießbar macht, auf die Prosa ausdehnen? Darauf habe ich nicht sofort eine Antwort parat. Einige nackte Leute befinden sich noch auf dem Innengelände. Einer ist auf dem Weg zum Haupteingang. Er scheint in Eile zu sein, dennoch wendet er sich um. Wie wollen wir umgehen, mit diesem Protest? Dass er berechtigt ist, steht im Augenblick außer Frage. Die Zügel waren zu locker, mein Fehler. Ihr wollt lückenhafte Diktion, *instead of fiction*. Ich glaube, da sage ich ja. Aber darf ich euch diesbezüglich eine rein formale Frage stellen: Sind die Lücken denn wirklich so demokratisch, wie ihr sie euch denkt? Es könnte ja weiß Gott was eingesetzt werden. »Und in die Räume, die du vernichtet hast, flutet das Paradies.«•

Das, was man unter schwer genießbarer und daher irgendwie politisch guter Kunstautonomie versteht, ist vielleicht nichts anderes als depperter Theoriekitsch *of Brokenness.* Kommt drauf an, wende ich ein. Freilich lassen sich Texte, die viel riskieren, als überlegen darstellen, und zwar Texten gegenüber, von denen ich der Ansicht bin, dass sie eher wenig riskieren. Und es waren die risikoarmen Texte, die vorauseilten, in das, was sie einem einfachen Publikum als Geschmack unterstellten. Zu dumm. Aber hört, hört, beides sind eigentlich keine Qualitätskriterien im strengen Sinn, rufe ich mir zu. Ich bin aber immer noch nicht ganz überzeugt. Ach. Ja.

Was sind denn die Qualitätskriterien? Wo im kritischen Bereich von grenzwertigen ästhetischen Entscheidungen gesprochen wird, wird auf dem Feld des Lobs ein beinah ebenso wenig sagendes Adjektiv gewählt: Das ist stimmig. Stimmige ästhetische Entscheidungen. Doch stimmig im Bezug worauf? Grenzwertige ästhetische Entscheidungen. Grenzwertig im Verhältnis wozu? Brauchen wir an dieser Stelle den guten Geschmack? Moment, der sitzt noch in der Kulisse und isst Hähnchensalat, mit Pinienkernen, Rosmarin und Cashews. In den Kulissen? Warum geht er dazu denn nicht in die Kantine? Wissen wir nicht. Oder zu den nassen Büchern, die in den Kühlhallen freundlicher Fischgroß-

• Tomaž Šalamun: Lesen: Lieben, in: Lesen: Lieben. Gedichte aus vier Jahrzehnten. Übersetzt von Fabjan Hafner. Frankfurt am Main 2006. Seite 92.

händler gefriergetrocknet werden, während die abgebrannte Bibliothek in vielen langen Jahren wieder aufgebaut wird.

Die Männer spazierten wiederholt vor dem Haus auf und ab, wie beim Hofgang oder im Führring. Es ging eine gewisse Beklemmung von ihnen aus. Ich frage erneut: Warum sind es ausschließlich Männer? Was ist das für eine Welt? Wo spielt das, spielt das überhaupt? Alle sind sie in Bewegung, immerhin. Doch der Zaun wird nur schwer zu überwinden sein. Ich schwöre, die Beklemmung gehörte zu dem Land, vom Land ging sie aus, und in mich ging sie über. Sie gehörte zum Land und nicht zu mir, ich spürte es im Schlaf, und daher ist es wahr. So wahr wie das schlechte Gebiss des rüstigen und so dürren Motelbesitzers, mit dem John Wayne-Porträt im Rücken, und all den verstaubten Stehrümmchen, der Stimme seiner unsichtbaren Frau, in der Nacht (der langen Messer?), die Schatten vor unserem Fenster, die kaum hörbaren leisen Schritte, und ich mit offenen Augen an die Decke starrend, lauschend, angespannt und zur Verteidigung bereit, bis die Sonne endlich aufging, Bodenfrost, zwei Stunden später 20 Grad, dann Sonnenbrand, und eine müde Idee wie vom Entronnensein, woher und woraus denn? Weil es feuchte Angstarchitektur am Waldrand war und ich Schüsse hörte? Die Tür war verschlossen, aber sie hätte auch sperrangelweit aufstehen können. Die Alpträume kamen von innen.

•

In den drei Monaten in Kalifornien war ich dabei, das Manuskript meines neuen Lyrikbandes »Alle Türen« fertig zu schreiben. Doch woran ich wirklich schrieb, kam mir erst viel später zu Bewusstsein. Gut ist es, dass die Zeit vergeht und mich sehen lässt, was ich gemacht habe. Mir wurde klar, dass mich in dem Buch »Alle Türen« die Grenzen, die Schwellen, *the right of way*, die Passage, Überschreitungen, Entgrenzungen und die Bindung an eine Form des Übergangs beschäftigt hatten. Da sah ich es plötzlich. Es war ein großes Thema in mannigfaltiger Gestalt.

»Weil der Mensch das verbindende Wesen ist, das immer trennen muß und ohne zu trennen nicht verbinden kann«, schrieb Georg Simmel vor mehr als hundert Jahren, »– darum müssen wir das bloße indifferente Dasein zweier Ufer erst geistig als eine Getrenntheit auffassen, um sie durch eine Brücke zu verbinden. Und ebenso ist der Mensch ein Grenzwesen, das keine Grenze hat. Der Abschluß eines Zuhauseseins durch die Tür bedeutet zwar, daß er aus der ununterbrochenen Einheit des natürlichen Seins ein Stück heraustrennt. Aber wie die formlose Begrenzung zu seiner Gestalt kommt, so findet seine Begrenztheit ihren Sinn und ihre Würde erst an dem, was die Beweglichkeit der Tür versinnlicht: an der Möglichkeit, aus dieser Begrenzung in jedem Augenblick in die Freiheit hinauszutreten.«•

Genau wie die Operette, die eine große Rolle spielt in dem Band »Alle Türen«. Der Ernst, der ihr mangelt. Der Ernst, den sie hat. Sehr wohl, gnädige Frau. Das Trudeln, im Absturz, das Timing, ihre anarchische Qualität, das so offenkundig Populäre, und die Fragen, die ich meiner Begeisterung stelle, weil ich mich gerne mit Dingen beschäftige, die mich begeistern, und die liebe Erinnerung daran, dass mein Vater Jacques Offenbach zeit seines Lebens verehrte. Die klappenden, wirbelnden Türen, die unheimliche Qualität

• Georg Simmel: Brücke und Tür. Essays des Philosophen zur Geschichte, Religion, Kunst und Gesellschaft. Stuttgart 1957. Seite 6f.

der Schwelle, auf der die Weisheit wie ein Trickster wohnt, dann die eine Tür, die unbedingt geschlossen bleiben muss, der Luftzug und der große Knall. Ich erinnere an das alte Hausmeistergesetz, das besagt, dass die Zahl der geschlossenen Türen immer konstant bleiben müsse. Wird irgendwo eine Türe geöffnet, muss ich an anderer Stelle eine Türe schließen. Das gilt auch für die Knoten und die Konten, die Sie unter ihrem Schulterblatt tragen. Aber es muss doch ein Schlupfloch geben. Ist das, mit Brecht, allein das frühe Grab?

DAVONZIEHENDE TÜREN, HOCHRASANZTRAUMA

Grillengesumm. Morgenlicht. Eine Tür verschwindet
von hier.
Die Tür versickert im Jenseits. Die Summe geht nicht
mehr auf.

Sie (die Türe) wird an andrer Stelle in die Wand gebrochen,
mit einem von Römern in die Tropen geschleppten
Pflug. Doch:
Auch diese Türe ist eines Morgens verschwunden.

Frontalaufprall,
blanke Angst, waagrechte Leiter, jahrelange
Untertunnelung.
Kurz darauf: Einsturz des Tunnels. Ein sehr großer Umweg.

Dennoch bitte nicht im Dunkeln sorglos am Straßenrand
gehen.

Der Fahrer –
betastete er nicht am Seitenstreifen die liebe harte Rinde,
verhakte er dein Leben nicht mit niedrigen Ästen, zog er
dich nicht
als feierliche Schleppe über die Böschung und suchte,
suchte, suchte (er nicht), dich kommen sehend,
noch nach einer Tür?

Bitte nicht im Dunkeln sorglos am Straßenrand gehen.

Die Rippen ragen, der Flügel
ist ab, die Stoßstange federt. Sie federt wie eine Ente im See.

Die Forelle ist leise, die Regeln sind da, die erfasste Passantin
als Ganze sowie in Teilen Grillengesumm. Morgenlicht.
Die in der Geschwindigkeitswand so ungemein entsetzlich

fehlende (Tür).•

Grillengesumm. Schnell hergestellte Atmosphäre, mit den Zikaden, von denen es bekanntermaßen heißt, sie pflegten eine esoterische Verbindung zum Vergehen der Zeit, zum Rhythmus und zur Musik. Morgenlicht. Eine Tür verschwindet von hier. Was soll ich dazu sagen? Das »Grillengesumm« eröffnet das Gedicht mit vier Silben, das »Morgenlicht« schließt sich mit dreien an, der unbestimmte Artikel »eine« hat noch zwei, und die Tür, auf die die Atmosphäre zuläuft, nur noch eine Silbe – und verschwindet im Anschluss von hier. Das Verschwinden hingegen ist dann wieder ein dreisilbiger Vorgang, es braucht wohl etwas Zeit.

• Monika Rinck: Davonziehende Türen, Hochrasanztrauma, in: Alle Türen. Berlin 2019. Seite 11.

In der zweiten Strophe erscheint die Tür als Türe, zweisilbig. Sie ist in Bewegung, es gibt sie offen und geschlossen. Das ist gut, denn wo es keine Türe gibt, aber eine vermutet wird, prallt etwas gegen eine Stelle, an der kein Durchlass ist. Sie ist nicht mehr da. Iwo, sie ist hier! Komm doch rüber!

Frontalaufprall, so beginnt die dritte Strophe, wie mit einem eingerückten Auftakt. Wer braucht denn eine waagrechte Leiter? Der oder die über den Abgrund gehen will. Doch könnte ich den Abgrund nicht auch untertunneln? Das ist nicht ungefährlich. Auch der Umweg ist gefährlich, alles ist gefährlich hier.

Neben der Tür, der aufgehenden Summe (nicht Sonne), erscheint nun ein neuer Agent: Der Fahrer. Wäre der Unfall auf der Landstraße zu verhindern gewesen? Ich bin wirklich enorm vorsichtig gefahren, könnte der Fahrer um Verständnis bitten, als hätte ich dabei mit beiden Augen die Rinde der Alleeplatanen abgetastet. Es gab hier keine Tür. Sind Sie mal im Dunkeln am Fahrbahnrand einer Landstraße gegangen, vielleicht weil Sie keinen anderen Weg gefunden haben? Wie es tönt, reißt und schreckt, wenn die Autos mit fast 100 Kilometern pro Stunde an Ihnen vorbeirasen? Sofort sucht man nach einer Tür. Dies sind sehr große Hindernisse, es sind zudem lebensgefährliche. Sie durchziehen das ganze Land und man hält sie für gewöhnlich. Es gibt keinen Ausweg, Geschwindigkeit ist eine Wand, an der man zerschellt. Und diese Straßen, schlimmer noch die Autobahnen, sind nur an wenigen Stellen zu passierende Grenzen – sie ziehen sich durch das ganze Land.

Am Ende des Gedichts wird das Grillengesumm wieder aufgegriffen, auch das Morgenlicht. Und: »Die in der Geschwindigkeitswand so ungemein entsetzlich / fehlende (Tür)«. Drei Dreisilber gehen der Tür voraus: ungemein, entsetzlich, fehlende. Und die Tür, die ganz am Ende fehlt, hat nur noch eine eingeklammerte Silbe. Ich kann nun nicht leichthin sagen: Dieses Gedicht beschreibt, wie es ist. Doch wenn Sie schon mal in der Nacht am Fahrbahnrand einer Landstraße gegangen sind – dann wissen Sie, wie es ist. Besser Sie suchen nach einer Tür. Etwas, das sich, so das Verb: bewahrheiten könnte. Das Bewahrheiten: es muss sich erweisen. Das Gedicht tritt leicht verschwitzt aus der Bewahrheitung hervor: Hat es bestanden?

Dass Raumfragen jetzt Klassenfragen seien, hörte ich jüngst, aber Raumfragen waren doch schon immer Klassenfragen, oder? Und wo hört er auf, der Raum? Da, wo die Leute auf der Straße liegen und sterben, während die Mieten in die Höhe schnellen? Eine wunderbar warme Waffe (oder Waffel?), irgendwo in einem Laden an der Straße, für Landwirtschaftliches, Lotto und Reisebedarf, die flirrende Wärme und immerzu rechts und links schauend über die Straße zu gehen, auf die andere Seite, irgendwohin. Zwischen Kakteen und Findlingen rumlungern, irgendwas im E-Book lesen, das soll Arbeit sein? Wahrscheinlich nicht. Der Kaffee ist zu heiß, jetzt kühlt er ab. Es wird angenehmer werden, auf Erden, wenn die Leute aufhören, andere Leute als Figurationen ihrer Urängste zu betrachten. Und erleichtert legt man das Buch aus der Hand. Während draußen alles, aber auch alles weitergeht. Noch wird strikt zwischen Innen und Außen unterschieden. Das ist beklagenswert. Und Elke Erb hat diese Klage als Gedicht formuliert.•

• Elke Erb: Klage, in: Gänsesommer. Basel/Weil am Rhein 2005. Seite 18.

KLAGE

Für hergelaufenes ludriges Volk
sich angesehen gefühlt haben.

Sich nicht angesehen gefühlt haben.
Nicht von gleich zu gleich haben sein können,

nicht im Austausch zu Lust Kraft Verständnis
Wandlung Freiheit kommen.

In die Reserve getrieben sein,
bei äußerem Ersatzbetrieb (tatsächlich ludrig):

Schonendem Angehn, sorgsamem Beachten,
bei Aufmerksamkeit (unerwiderter),

Vorwände benutzt haben im Versuch,
die Unruhe zu stillen.

Wie ich mich nach Herzlichkeit sehne!
Nein, sehnte, wenn ich mich sehnte.

Wie ich mich sehnte, wie ich mochte
von jemandem einen gewissen Zug um den Mund,

diesen vollen Ton in dieser Stimme,
diese Stirnhöcker, herzanrührend …

Hungerweide! Aller Zuschnitt ist so,
alles Liegende der Liegenschaften,

(und aktiv: Lügende der Lügenschaften).
Darüber tanzt ein Lust-Flämmchen,

das keinen Weg weiß, außer: Schwelgerei.
Und den eigenen Leib zum Sack gesoffen.

Trinker, Süffler, Säuglinge.
Elixiere flößende Hirnverräter.

Sich verbrüdern? – Klumpen bilden!
Ich irre mich!

Gewiss sprechen sie einander Aufbauten vor!
Dumpf aber deren Kleinstädte abriegelnd, gegen außen.

Außen bin ich, Ludervolk.
Dasselbe wie Regen, Hagel; aus Wasser und Wind.

Aus Minusgraden.

»Für hergelaufenes ludriges Volk« – die erste Zeile könnte, wenn sie alleine stünde, eine Widmung sein. Doch sie steht nicht alleine. Wie geht sie zusammen mit der zweiten? »Für hergelaufenes ludriges Volk / sich angesehen gefühlt haben.« Wird man nicht eher »als« etwas angesehen, und »für« etwas gehalten? Es geht offenbar nicht um ein einfaches Äquivalent. Dem folgt: sich gar nicht angesehen gefühlt zu haben, also, ignoriert worden zu sein, das negierte Ideal des Austauschs. Erst da, wo ich mich, in die Reserve getrieben, auf die Spaltung einlasse, in dem ich den Angriff leugne – werde ich tatsächlich ludrig.

Für ludrig gibt das Grimmsche Wörterbuch Beispiele aus welkem Laub an und vertrocknetem Gemüse. Neben diesen vegetarischen semantischen Nuancen gibt es auch andere, die sich an das Luder koppeln: Lockspeise, Köder, Aas, übertragen: liederlicher, durchtriebener Mensch. Allerdings ist die Etymologie nicht gesichert.• Eine Klangassoziation zwischen ludrig und Luder lässt sich dennoch kaum verhindern.

Nun zählt das Gedicht auf, worin besteht, was tatsächlich ludrig ist: »Vorwände benutzt haben im Versuch / die Unruhe zu stillen.« Die verleugnete Sehnsucht, die falsche Beruhigung, kurz und nicht besonders schön gesagt: die Immunisierung gegen den Mangel und seine Normalisierung. Wie aber komme ich von der Hungerweide zum Zuschnitt? Liegt es daran, dass meine Wünsche sich ihr Objekt zuschneiden? Weil Besitz und Lüge in ein lautliches Verhältnis zueinander treten? Etwas, das liegen bleibt wie eine verlogene Immobilie, für die man sich aus Angst verschuldet hat? Wenn man genau hinhört, sind Immobiliendiskurse fast immer Angstdiskurse, das macht sie so unangenehm und bedrückend. Zum Glück (oder zu allem Überfluss) tanzt ein Lustflämmchen darüber, das von der Sehnsucht direkt in die Sucht hineinführt, hilflos und verwirrt.

Im Verlauf des Gedichts werden die Gegensätze zwischen Innen und Außen, zwischen Mobilem und Immobilem immer schärfer. »Gewiss sprechen sie einander Aufbauten vor!« Und dann kommt es wirklich, ganz explizit zum Aus-

• Etymologisches Wörterbuch des Deutschen. Erarbeitet im Zentralinstitut für Sprachwissenschaft, Berlin unter der Leitung von Wolfgang Pfeifer. München 1995. Seite 815.

schluss. »Dumpf aber deren Kleinstädte abriegelnd, gegen außen. // Außen bin ich, Ludervolk. / Dasselbe wie Regen, Hagel; aus Wasser und Wind. // Aus Minusgraden.«• Das ist nun wirklich eine Klage wert. Der Raum wurde geschlossen, die Grenze gezogen, innen und außen sanktioniert, Ludervolk hinausgewiesen, die Zugehörigkeit als wirksame Fiktion installiert, das Habitat gesichert, Liegenschaft und Lügenschaft liegen nebeneinander.

»Die historisch umstrittene Frage der Invasivität ist eng mit dem Konzept des Habitats verbunden«, schreibt Fahim Amir in seinem sehr lesenswerten Essay über Tiere, Politik und Revolte, und weiter: »Das Habitat beschreibt eine räumliche Einheit zwischen Individuum und Spezies: den Raum, den eine bestimmte Population braucht, um sich reproduzieren zu können. [...] Aber während das lateinische Wort ›habitat‹ einfach nur ›er/sie/es lebt‹ bzw. ›er/sie/es wohnt‹ bedeutet und ursprünglich als Verb, also als Tätigkeit, verwendet wurde, verknöcherte der Begriff später und nahm die Bedeutung eines bestimmten räumlichen Territoriums an. In dieser neuen Form konnte es dann von ›exotischen, fremden, nicht-indigenen, nicht-heimischen und neuartigen‹ Organismen durchschritten oder erobert werden. Das Habitat wurde zu einem Konzept, das an die Vorstellung von Nationen mit festen, stabilen und kontrollierten Grenzen erinnert.«•• Schauen wir uns nochmals den vierten Zweizeiler des Gedichts an. »In die Reserve getrieben sein, / bei äußerem Ersatzbetrieb (tatsächlich ludrig).« In die Reserve

• Elke Erb: Klage, in: Gänsesommer. Basel/Weil am Rhein 2005. Seite 18.

•• Fahim Amir: Schwein und Zeit. Tiere, Politik, Revolte. Hamburg 2018. Seite 119f.

treiben – das kann bedeuten, gezwungen zu sein, die Vorräte aufzubrauchen, oder dass kämpfende Truppen soweit zurückgeschlagen werden, dass sie in den Nachschub geraten, in die einsatzbereiten, noch zurückgehaltenen Streitkräfte. Man findet allerdings auch vereinzelte Verbindungen, wo Reserve wie Reservat gebraucht wird, was in einer gewissen Spannung zum Habitat steht: das Reservat als das zugewiesene begrenzte Habitat der Vertriebenen. Manche von ihnen hatten ein Pferd dabei. »Bei äußerem Ersatzbetrieb« war es tatsächlich ludrig, so zu tun als ob. Als werde hier etwas überspielt. Die Aufrechterhaltung des Ersatzbetriebs, die Preisgabe der Wünsche nach idealem Austausch – das ist womöglich die Fiktion, die das Gedicht ablehnt, während es seine eigene Ludrigkeit verteidigt. Ist das so? Ich hörte gerne weitere Deutungen, bin aber sicher, dass das Gedicht im Dienst der Realität steht.

Das Gedicht ist durchlässig auf die Wirklichkeit hin, die Wirklichkeit zeigt sich, aber ich muss sie auch holen, wie Elke Erb es häufig nennt. Und es wird klar, inwiefern ich an ihr beteiligt bin. Es ist Diktion und Non-Fiction – es ist die gut gesagte Sache, die Abweichung anerkennt und mit ihr arbeitet, anstatt sie zu verbieten, die für das Leben und Arbeiten mit Vielfalt Modelle entwickelt.• Das Gedicht ist sachlich im Sinne des so genannten Buchs, des Sachbuchs nämlich.

Es ist eben nicht nur die eine Stimme des Dichters, der Dichterin. Es ersteht in der Zeit der Deutung, es ist historisch, es wählt aus und gibt Freude, es erheitert. Die Dichterin lehnt sich aus dem Fenster, und holt alles herbei, alles, was

• Diese Formulierung verdanke ich Ann Cotten.

die poetische Sprachfunktion hergibt: beflügelt, elektrisch geladen, endlich verwandelt in eine große Galoppade, die in Doppelpaaren, zu vieren in einer Reihe den großen Saal durchstürmt: Die Doppeldeutigkeit hat sich vermehrt. Sie geht durch mich hindurch.

Das Gedicht lässt dem Leser, der Leserin alle Freiheit, es fesselt sie nicht! Das ist mir wichtig. Eher: Es entfesselt die Leserin, und den Leser dazu. Das Gedicht will dem Leser nicht an die Gurgel, und es will eigentlich auch keinen Leser, der sich wünscht, dass es ihm an die Gurgel geht. Es lehrt die Leserin Solidarität mit Texten, die die Leserin nicht einmal ansprechen. Es lehrt aber auch Abwehr. Es akzeptiert ein Nein, weil es selbst mehr Nein als Ja ist. Und es ist realistisch. Aber nicht teuer. Es macht mit, wenn der Leser oder die Leserin mitmachen.

Es geht um das Offenhalten der Räume. Dichtung, so verstanden, verweist auf informationell nicht auflösbare Relationen und öffnet sich auf die unbekannten Möglichkeiten der Zukunft, indem sie ein Bündnis mit der Offenheit der Realität eingeht. Und dazu gehört auch: die Bibliothek, die für alle Menschen offen ist, und das Sachbuchregal, wo das Gedicht ab jetzt zu finden sein wird. Es ist das ärmste Theater und bildet die sprachliche Verfassung mit ab.[•] Es sorgt dafür, dass Sie nicht vergessen, dass Sie auch anders sprechen können. Vergessen Sie das nicht.

• Nach Charles Bernstein, mit Jerzy Grotkowski. Diese Formulierung entnehme ich Anja Utlers Buch: »manchmal sehr mitreißend.« Über die poetische Erfahrung gesprochener Gedichte. Bielefeld 2016. Seite 15.

Die letzte Frage lautete: Das Gedicht, hat es am Ende etwas zu sagen? Die Antwort möchte ich dem Gedicht selbst überlassen, und es handelt sich um das letzte Gedicht aus Elke Erbs neuem Band »Gedichtverdacht«, der im Frühjahr 2019 bei Urs Engeler erschienen ist.• Es ist: »Das mit dem Baum«.

Das mit dem Baum

Bin schon lange wach.
Umhergelaufen, aufräumend (hoffnungslos).

Liege wieder. Bild
nicht meiner Dinge – ein Flugzeuggeräusch.
Im dunklen Himmel.

Draußen fort. Forthin.

– Und ein hoher Baum.
Hoher abgekahlter Baum. – Blattlos eben.
Gefüllt von Tag und Nacht.

In den dunklen Himmel fort.

In den grünen Forst rechts Forsthaus hinunter
gefällt der Stamm grau und kahl

und langhin entastet.

• Elke Erb: Das mit dem Baum, in: Gedichtverdacht. roughbook #048. Berlin/Wuischke/Schupfart 2019. Seite 92.

Da liegt er. Seit dem Sommer.
Im Dorf sehe ich mehrere solche.

Sie werden mich übersterben.
Meine Handflächen meinen: Schade um sie.

12.12.18 halb 7

Die Autorin dankt dem Villa Aurora & Thomas Mann House e. V., dem Literarischen Zentrum Göttingen, dem Verlag Urs Engeler, Ann Cotten und Elke Erb.

Bibliografische Information der
Deutschen Nationalbibliothek

Die Deutsche Nationalbibliothek verzeichnet diese Publikation in der Deutschen Nationalbibliografie; detaillierte bibliografische Daten sind im Internet über http://dnb.d-nb.de abrufbar.

www.wallstein-verlag.de

Vom Verlag gesetzt aus der Stempel Garamond
Umschlaggestaltung: Wallstein Verlag
Umschlagabbildung: Valentin Just, Ohne Titel, 2017
Druck und Verarbeitung: Hubert & Co, Göttingen

978-3-8353-3555-4